シーズンに入る前、遠征に行く前、試合の前など、タイミング別に該当のページをそのつど開いていただいてもよいでしょう。

アスリートのための栄養をバランスよく含み、普段ご家庭の食卓に並ぶようなおいしいメニューも豊富に掲載しています。料理が得意でない人や、学業や仕事とアスリート活動で忙しい人でも手軽に作れるレシピです。

アスリートが自分の食事に自信をもちながらおいしく召し上がり、結果的に最高のパフォーマンスにつなげていただくことが私の理想です。この本がそんなお手伝いをできたらとても嬉しく思います。ひとりでも多くのアスリートと、アスリートを支えて応援されている方々が、スポーツの楽しみを実感できる時間をたくさん刻まれるようお祈りしています。

最後に、この本ができあがるまでに関わってくださったすべての方と、実際に手にとっていただいた方に心より御礼を申し上げます。

公認スポーツ栄養士　山田聡子

アスリートにとっての
食事の4つのチカラ

身体をつくる 1

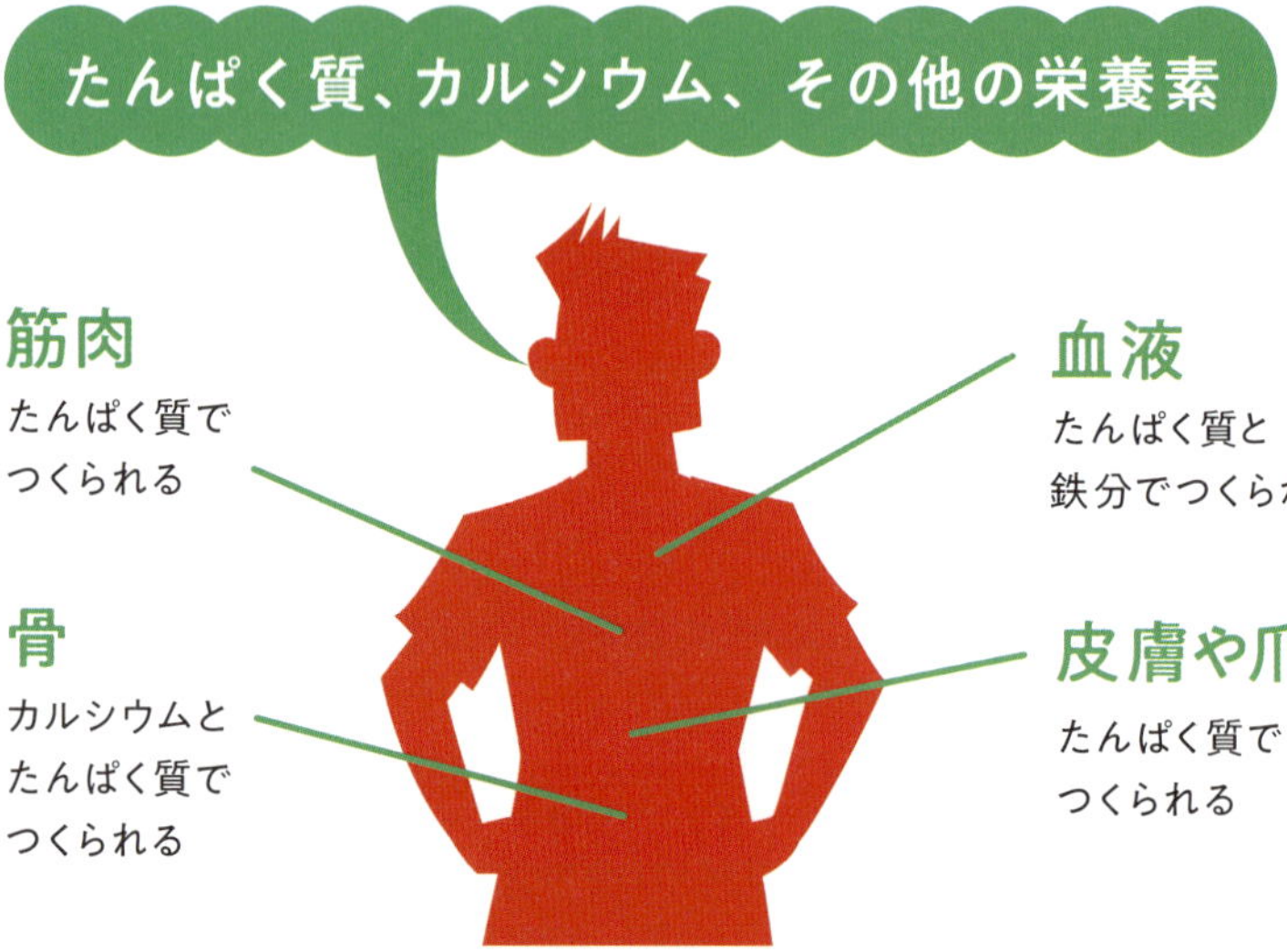

お弁当にも
おすすめのおかず！

たんぱく質補給に

身体をつくるためのメニュー例

鶏チャーシューと味つけ卵

（レシピp.139）

鶏肉と卵はたんぱく質豊富な食材！牛乳を組み合わせると手軽にカルシウムも摂れます。

たんぱく質と カルシウムがポイント

　爆発的なパワーや瞬発的なスピードを生み出す筋力、長時間の運動に耐える強い身体……アスリートの強靭な身体づくりに欠かせない栄養素がたんぱく質です。

　たんぱく質は筋肉や骨格、皮膚など、あらゆる身体の構成材料です。体内にとり込まれたたんぱく質（体《たい》たんぱく質）は、24時間つねに合成と分解を繰り返しています。そのため、人はたんぱく質を食事から摂取して、一日の適正量を満たす必要があります。

　体たんぱく質は、運動によって筋肉に刺激を与えると合成能力が高くなるのが特徴です。そのため筋力の維持や筋力アップのために日々トレーニングに励むアスリートは、十分なたんぱく質の確保を行うことが大事です。

　もうひとつ意識したいのがカルシウムです。骨の成分の約70％を占めるカルシウムは、骨の形成をスムーズにし、骨のケガ予防に欠かせない栄養素。意外に思われるかもしれませんが、骨も代謝を繰り返していて、年間約4％程度の組織が入れ替わっています。骨は一度形成されたらおしまいではなく、緩やかに生まれ変わっています。主成分であるカルシウムを意識して摂っていれば、骨を丈夫にすることができるのです。ケガに負けない強靭な身体づくりのために、カルシウムも意識して摂るように心がけましょう。

詳しくは **たんぱく質…p.22／カルシウム…p.36、p.48** へ！

身体と脳を動かす 2

糖質が一番のエネルギー源

バナナ

パン

いも類

糖質はご飯、パン、めん類、いも類、果物に豊富に含まれる

ご飯

朝食やランチにぴったり

糖質補給に

身体と脳を動かすためのメニュー例

バナナパンケーキ

（レシピp.153）

糖質が豊富なパンケーキに、バナナを混ぜ込んでさらに糖質量をアップ！

十分な糖質と食事量が大切

各競技のダイナミックな動きや、長時間の試合でも動き回れるスタミナは、アスリートがもつエネルギーの賜物。また、体力面だけでなく、戦略を練ったり、試合に集中したり、スポーツでは脳も多くのエネルギーを費やします。つまり、アスリートは一般の人よりもエネルギーを使う機会が多く、そのためエネルギーのもととなる「ガソリン」が大量に必要になってきます。

ガソリンとなる栄養素は糖質、たんぱく質、脂質の3つです。そのうち糖質は、もっとも効率よくエネルギーをつくり出すことができます。もし、「競技力が低下してきた」「練習に集中できない」「体重が減ってきた」「疲れがとれない」などが気になるようでしたら、ガソリン不足を疑ってもいいかもしれません。そんな時は練習前後に、おにぎり1個を食べるなどして身体の様子をみてみましょう。じわじわとエネルギーが湧いてくるかもしれません。

また、糖質だけでなく、全体の食事量の低下も栄養不足を招き、結果として疲労や風邪などの原因になります。普段の食事をしっかり摂ったうえで、その時々の練習量や疲労度に応じて補食（46ページ参照）に糖質をとり入れる、そんな食スタイルを自身に定着させることが、どんな時でもよいパフォーマンスを発揮できる身体でいるために大切になってきます。

詳しくは **糖質…p.20** へ！

コンディションを整える 3

バランスのよい食事で栄養素が機能する

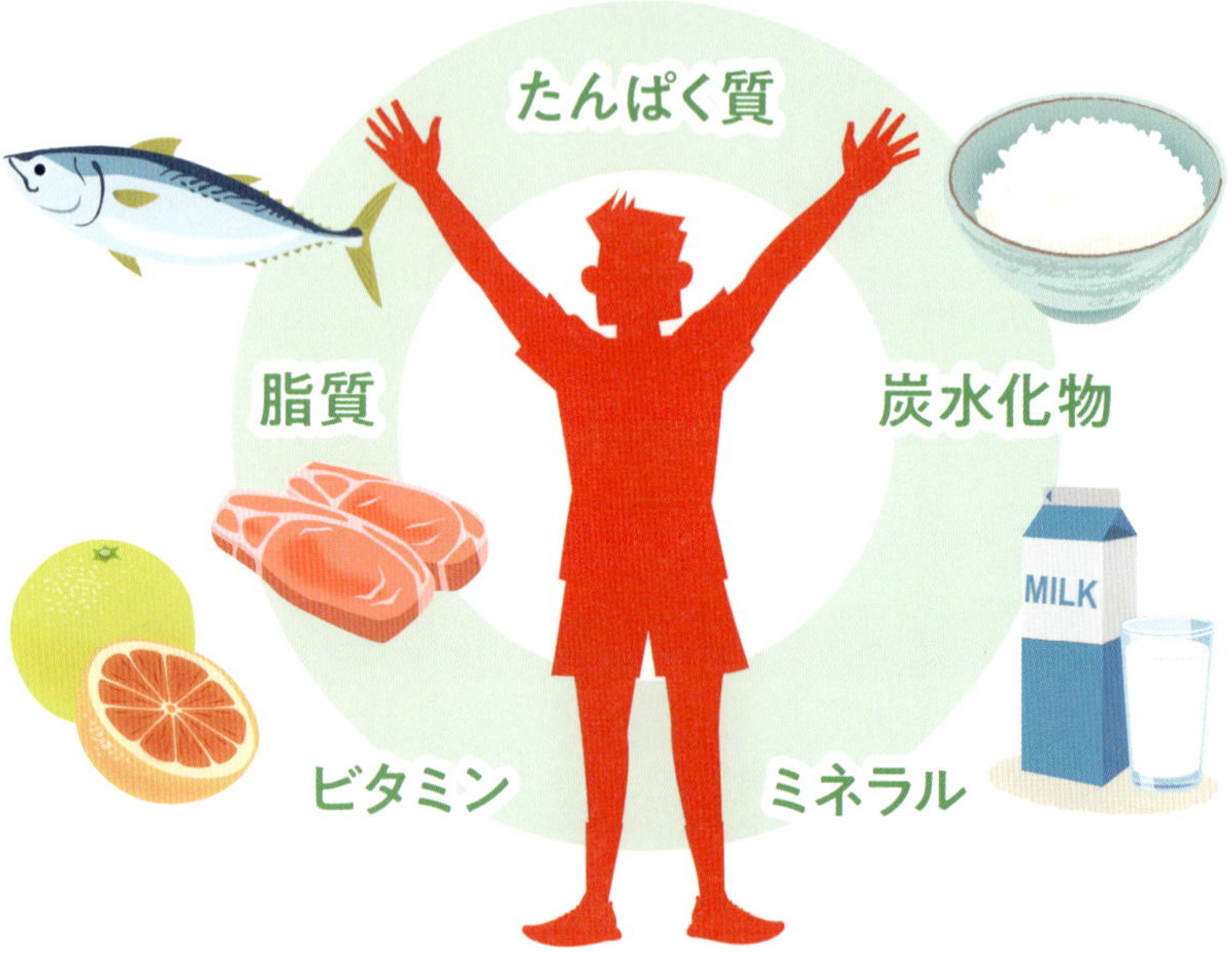

糖質、たんぱく質、ビタミンが豊富！

一食でバランスアップ

コンディションを整えるためのメニュー例

カラフルグラタン

（レシピp.134）

糖質、たんぱく質、脂質のバランスがよいグラタンに、ビタミン、ミネラルの豊富な緑黄色野菜をプラス！

日頃のバランスのよい食事が結果を生む

パフォーマンスを高めるために大切なこと、それは日頃から心と身体のコンディションを最高の状態に整えておくことです。たとえ今日の練習に納得がいかなくても、心身が健やかならば「明日はがんばろう！」と、物事をポジティブに考えられ、結果として本番で本来のパフォーマンスを発揮できるようになるのです。

最高の状態を保つために食事面で心がけるのは、三大栄養素（炭水化物・たんぱく質・脂質）をしっかり摂ること。さらに、これらの栄養素が身体の中で効率よく働くように、ビタミンとミネラルも意識して摂ることが大事です。身体が車だとしたら、三大栄養素がボディの材料やガソリンで、ビタミンとミネラルが部品をスムーズに動かすオイルだとイメージすればわかりやすいでしょう。つまり、普段からバランスのとれた食事を心がけることが、身体をスムーズに動かすうえでカギになります。

もうひとつ重要なのが、試合前の食事です。試合前は、身体の状態を徐々に本番モードに切り替えていくデリケートな時期。糖質中心の食事でエネルギーを体内に最大限にため込んでいき（96ページ「グリコーゲンローディング」参照）、エネルギーが本番で効率よく使われるように、ビタミンとミネラルをしっかり摂ります。加えて、消化吸収のよい食事が、本番でのパフォーマンスをサポートしてくれます。

詳しくは **三大栄養素・五大栄養素…p.18** へ！

リカバリーする 4

エネルギーを使った分、補給してつり合いをとる

酸味があって食べやすい！

糖質とたんぱく質補給に

リカバリーするためのメニュー例

鮭ちらし寿司

（レシピp.164）

失われたグリコーゲンを補う十分な糖質と、筋肉のリカバリーに必要なたんぱく質をしっかり補給！

「エネルギーを使ったら食べる」でスムーズにリカバリー

いくらトレーニングに励んでも、身体が疲弊して心身ともにダウンしてしまったら本末転倒です。翌日以降の練習に影響を及ぼします。疲れをため込まず、トレーニングのたびに効率よくリカバリー（疲労回復）する意識も、つねにもつように心がけましょう（64ページ参照）。

運動するとグリコーゲン（体内に蓄積されたエネルギー源。20ページ参照）が枯渇し、これが疲労の原因になります。速やかに疲労回復するためには、エネルギーの原料となる糖質を運動前後に補うのがコツです。トレーニング（または試合）時間が長い場合は、運動の途中にも適度な糖質を摂ることで、エネルギー不足を解消することができます（66ページ参照）。

また、グリコーゲンの貯蔵量が少ないと、身体は筋肉などの体たんぱく質を分解し始め、これが筋疲労の原因にもなります。筋肉をリカバリーするためにも、運動の前後には糖質を意識して摂ることをおすすめします。

さらに、普段よりきつめのトレーニングで筋肉を酷使した時は、体たんぱく質の分解～合成能力が高まっています。ですので、そのようなトレーニングをした直後は、リカバリーに必須の糖質とともに、身体をつくる材料となるたんぱく質を補うと、効率よく筋力アップが望めます（65ページ参照）。

詳しくは **糖質…p.20／たんぱく質…p.22** へ！

目次

PART 1

栄養素とエネルギーの基礎知識

PART 2

競技タイプ別栄養補給例

PART 3 かんたんおいしいアスリートレシピ

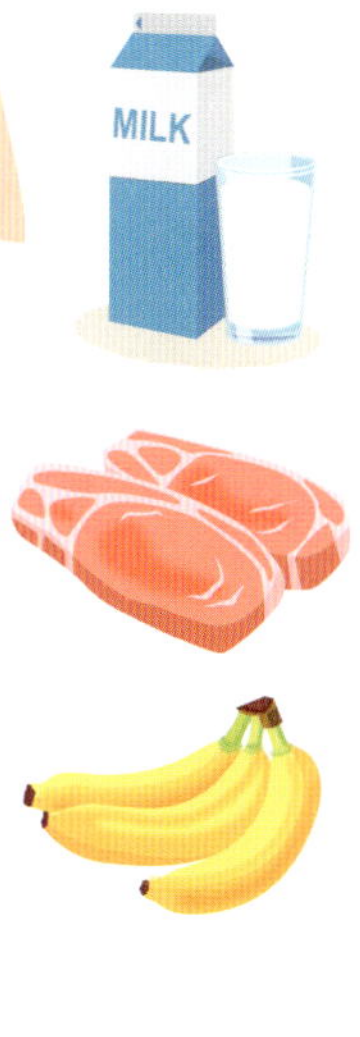
MILK

本書のレシピについて

- 一日のエネルギー摂取量の目安を約3,000㎉（食事3回＋補食1回）、1食約900㎉、補食約200㎉としています。
- 表示のエネルギー量、栄養素量は1食分です。
- ご飯は大きめの茶碗1杯＝250ｇを目安にしています。
- ビタミンAの含有量は「レチノール当量」で表記しています。
- 栄養素の含有量とエネルギー量は「日本食品標準成分表2015年版（七訂）」をもとに算出しています。糖質は炭水化物から食物繊維総量を差し引いた値を用いています。
- 1カップは200㎖（米の場合は180㎖）、大さじ1は15㎖、小さじ1は5㎖です。
- ひとつまみは親指、人差し指、中指の3本でつまめるくらいの量です。
- 適量は好みの量を加減しながら、適宜は必要に応じて入れてください。
- 電子レンジの加熱時間は500Wの場合です。様子を見ながら調整してください。
- オーブントースターの加熱時間は様子を見ながら調節してください。

PART
1

栄養素とエネルギーの基礎知識

アスリートに必要な栄養素とエネルギー

エネルギーになる三大栄養素

食べ物に含まれる物質を「栄養素」と言い、身体を成長・発達させ、健やかな生活を送るうえで必要な成分です。これに対し、摂取した栄養素が体内で処理され活用されるものを栄養と言います。栄養素のなかでも**炭水化物・たんぱく質・脂質は身体にとって不可欠で、「三大栄養素」**と呼ばれます。なお、**炭水化物は糖質と食物繊維に分けられ、エネルギーになるのが糖質、腸内環境を整えるのが食物繊維**です。

ビタミン・ミネラルを加えた五大栄養素が互いに機能

三大栄養素にビタミン、ミネラルを加えたものが「五大栄養素」で、それぞれが互いに機能し合うことでエネルギーがつくり出され、筋肉の合成などが促され、これがパフォーマンス向上につながります。

つまり、アスリートが食事面で心がけるべきは、朝・昼・晩、一日3食、栄養バランスのとれた食事をしっかり摂ること。シンプルですが、これが基本中の基本となります。

よく耳にする「カロリー」は、エネルギーの単位のひとつ。エネルギーには摂取エネルギー（食べるエネルギー）と消費エネルギー（使うエネルギー）があり、摂取エネルギーは三大栄養素の各重量（g）に1gあたりのエネルギーを掛けたものの合計です。1gあたりの三大栄養素の各エネルギーは、炭水化物＝4㎉、たんぱく質＝4㎉、脂質＝9㎉。これは、食べすぎの防止や、逆に身体を大きくする際の知識として役立つでしょう。

それぞれが互いに機能
五大栄養素のおもな役割

エネルギー源

【炭水化物】
●エネルギー源になる
※脂質やたんぱく質よりもスムーズにエネルギーに変換される

4 kcal

（1gあたりのエネルギー）

【たんぱく質】
●エネルギー源になる
●筋肉、骨格、内臓など身体の構成成分になる

4 kcal

（1gあたりのエネルギー）

【脂質】
●身体の構成成分になる

9 kcal

（1gあたりのエネルギー）

身体を構成し体調を整える

【ビタミン】
●体調を整える

【ミネラル】
●身体の構成成分になる
●体調を整える

COLUMN もうひとつのエネルギー単位
「ジュール」

栄養学や運動の世界では、カロリー（kcal）のほかに「ジュール（J）」というエネルギーの単位も使います。日本ではカロリーのほうが馴染みがありますが、海外ではジュールを使用している国も多くあるので、ヨーロッパなどに行った際は、食品の商品パッケージの栄養成分表示をチェックしてみるといいでしょう。1kcal＝約4.189kJなので、ジュールの数値を4.2で割れば、カロリーに換算することができます。

五大栄養素①
糖質（炭水化物）

種類によって吸収の速度が違う糖質

糖質には単糖類、少糖類、多糖類の3種類があります。糖質の最小単位である単糖類は腸管からダイレクトに吸収され、即エネルギーとして使われます。単糖類が2~20個結合したものが少糖類、多数結合したものが多糖類で、それぞれ単糖類に比べて吸収が緩やかです。

果物やはちみつに多く含まれるのは単糖類、砂糖は少糖類（二糖類とも呼ばれる）、白米やパン、麺類、いも類に含まれるでんぷんは多糖類です。

エネルギー源として貯蔵され運動時に使われる

体内にとり込まれた糖質は、肝臓や筋肉でグリ

糖質のイメージ

単糖類

成分が結合せず単体で存在。分解する必要がないためすぐに吸収される。
単糖類を含む食材例：果物、はちみつ

少糖類

結合している成分が2～20個で少なく、単糖類よりは吸収が緩やか。
少糖類の例：砂糖

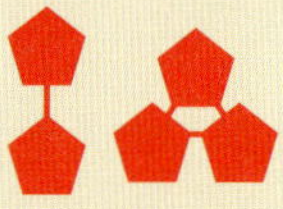

多糖類

体内で細かく分解する時間が必要なため、糖質のなかでもっとも吸収が緩やかで腹持ちがよい。
多糖類を含む食材例：白米、パン、麺類、いも類など

コーゲンとして貯蔵され、エネルギー源となって供給されます。**糖質が不足すると、持久力・集中力の低下、疲労の原因に**。練習や本番で最高のパフォーマンスを発揮するためにも、**エネルギーのもととなる糖質を日頃から十分摂っておく**必要があります。

糖質はおやつからではなく食事から摂りましょう

糖質は砂糖よりもでんぷん（白米などの穀物、いも類に含まれる）のほうが腹持ちがよく、体内にある程度とどまるので、トレーニングに励むアスリートにおすすめです。糖質＝砂糖やお菓子と考えがちですが、**お菓子にはアスリートに有効な栄養素が少なく、糖質は食事から摂ったほうが運動中に効率よくエネルギーとして使うことができます**。また、砂糖は摂りすぎると肥満や糖尿病などにもつながるため、おやつよりも食事に比重を置きましょう。

糖質を多く含む食品

五大栄養素②　たんぱく質

身体をつくるのに欠かせないたんぱく質

たんぱく質は、骨格、筋肉、皮膚など、強い身体づくりの材料になるとともに、筋力アップをもたらします。

そのほか、酵素やホルモン、免疫機能をつかさどる抗体など、**身体のさまざまな機能に関わる物質もたんぱく質が材料**になっています。風邪をよくひく人は、たんぱく質不足で免疫力が低下しているのが原因かもしれません。「風邪にはビタミンCが効果的」というイメージが強いですが、じつはたんぱく質も免疫力を上げるための大事な栄養素。また、血液の成分もたんぱく質からできていて、あまり知られていないかもしれませんが、**たんぱく質の不足は貧血の原因にもなります。**そのほか

たんぱく質の役割

【たんぱく質の役割】
- 身体づくりの材料
- 筋力アップ
- 免疫力アップ
- 造血

不足すると風邪をひきやすくなったり、貧血になったりする。筋肉量の減少は疲労・ケガの原因につながる。

に、たんぱく質が不足すると、基礎代謝量が減少したり、筋肉量の減少による疲労・ケガにつながったりします。

逆に、たんぱく質を過剰に摂った場合、健康被害は少ないですが（腎臓病などでたんぱく質制限がある人以外）、あまりに摂りすぎるとカルシウムの尿排泄の増加や、腎臓への負担などが考えられます。

合成と分解を繰り返す人間の身体のたんぱく質

食べ物を摂取して人の身体の一部になったたんぱく質を、「体《たい》たんぱく質」と呼びます。体たんぱく質は合成と分解を繰り返していて、筋肉も一度できたらそれで終わりではありません。運動して筋肉に刺激が与えられると、分解が起こり（傷がつくイメージ）、そこに食べ物から摂取したたんぱく質が入っていくと合成されるという流れです。分解されたたんぱく質の一部は窒素《ちっそ》になり、尿な

たんぱく質の合成と分解のイメージ

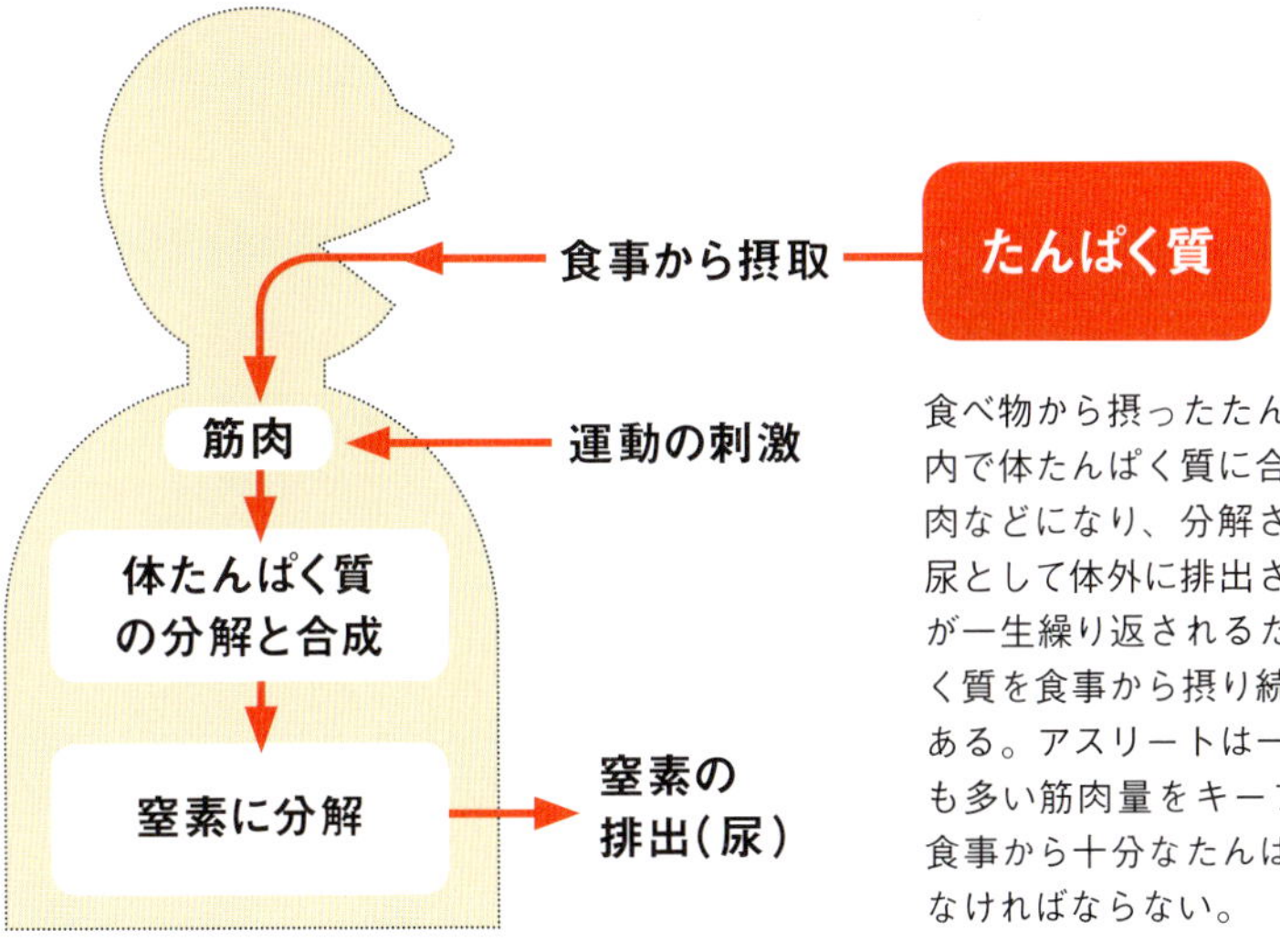

食べ物から摂ったたんぱく質は体内で体たんぱく質に合成されて筋肉などになり、分解されて一部が尿として体外に排出される。これが一生繰り返されるため、たんぱく質を食事から摂り続ける必要がある。アスリートは一般の人よりも多い筋肉量をキープするため、食事から十分なたんぱく質を摂らなければならない。

どとともに体外に排出されます。人の身体では、この合成と分解が生まれてから死ぬまで繰り返されています。そのため、**たんぱく質をつねに食事から摂取する必要**があります。

「アミノ酸」からできているたんぱく質

ところで、そもそもたんぱく質とは何かというと、「アミノ酸」が集まってできた成分です。アミノ酸は全部で20種類あり、そのうち9種類は人間の体内では合成できないか、あるいは十分に合成されないため、食品から摂取する必要があります。これらを「必須アミノ酸」と呼びます。そのほかのアミノ酸は体内で合成でき、「非必須アミノ酸」と言います。

さまざまな食材から摂取することで吸収がよくなる

たんぱく質は肉、魚、卵、大豆・大豆製品などに多く含まれ、**食材によってアミノ酸の構成がす**

たんぱく質を多く含む食品

べて異なります。**動物性たんぱく質（肉、魚、卵など）だけでなく、植物性たんぱく質（大豆・大豆製品など）もバランスよく摂ることで、体内でたんぱく質がより効率よく働きます。**そのため、ひとつの食材に偏らず、まんべんなく摂ることを心がけましょう。また、肉、魚、卵、大豆・大豆製品には必須アミノ酸がバランスよく含まれているので、これらを欠かさず摂っていれば、必須アミノ酸が不足する心配はあまりありません。

筋力アップに効果的なたんぱく質の量

一般の人のたんぱく質の推奨量は、一日あたり体重1kgあたり0.8～1.0g（体重60kgの場合48～60g）。それに対し、アスリートの摂取目安量は1.3～1.7g／体重kg／日と多くなります。なかには強靭な身体を目指して、かなりたくさんのたんぱく質を摂っている人もいるかもしれませんが、実際には2.5g／体重kg／日を超えるほどの多量摂取は、筋力アップのメリットがないと言われています。※

COLUMN 必須アミノ酸を含む食材

食品の必須アミノ酸の含有バランスは「アミノ酸スコア」で評価されます。これは各必須アミノ酸が基準値に対してどれくらいの割合（%）含まれているかを示すものです。アミノ酸スコアの最高点は100です。たんぱく質を豊富に含む肉、魚、卵、大豆・大豆製品、牛乳は9種類の必須アミノ酸をバランスよく含み、スコア100の食材です。ちなみに必須アミノ酸は精白米にも含まれますが、リジンという必須アミノ酸が少ないため、スコアは65。リジンは、大豆が多く含むため、大豆と一緒に食べるとバランスがよくなります。このように、一部の数値だけでは栄養が少ないように見えても、さまざまな食材を摂ることで、互いに足りない部分を補い合い、食事全体での栄養バランスが向上します。

※参照：Witard et al., 2019, International Association of Athletics Federations Consensus Statement 2019: Nutrition for Athletics

定食を基準にたんぱく質量を考える

普段の食事で正確なたんぱく質量を計算するのは難しいかもしれません。そんな時は、定食を基本におかずをプラスするのがおすすめです。

たとえば、豚のしょうが焼き、ご飯、みそ汁といった定食で、たんぱく質はだいたい1人分20gくらいです。仮にそれを朝・昼・晩食べるとすると、一日あたり60gのたんぱく質が摂れることになります。これは体重60kgの一般的な成人男性に必要なたんぱく質の量です。つまり、**日本の定食スタイルを参考にして朝・昼・晩の食事を摂ると、だいたい理想的なたんぱく質量が摂れる**と考えます。

1品プラスでたんぱく質摂取量を増やす

アスリートの場合、運動量が多いので、前述のとおり、一般的な生活をしている人の1.3～1.7倍のたんぱく質摂取が必要になります。ですので、**定食一人前に、納豆や冷やっこなどをつけたり、しょうが**

COLUMN BCAAについて

必須アミノ酸に含まれるバリン、ロイシン、イソロイシンをまとめて分岐鎖アミノ酸(BCAA:branched chain amino acid)と言い、運動中の筋肉消耗の低減に一部有効性があると示唆されています。筋肉をつくる・疲労を軽減するスポーツ用サプリメントとして、商品化も進んでいます。

このサプリメントは運動前、運動中、運動後、どのタイミングに摂っても効果を発揮すると言われているため、サッカー選手やラグビー選手をはじめ、多くのアスリートに支持されています。しかし、その働きは一過性で、運動能力を向上させるわけではなく、十分に有効性を示すデータが出ているわけでもありません。

パフォーマンスを発揮するための基礎となる食事とトレーニング、そして休養をしっかりとったうえで、サプリメントを使うかどうか検討するのがベストと言えるでしょう。

焼きの豚肉を少し増やしてもらう、というようように考えるとよいでしょう。

ジュニアだったら、保護者の方と同じくらいか、高校生だったらそれよりも1品多めに摂るなど、意識して毎日食べるとよいでしょう。

運動、休養をともなって効果的に筋力アップ

アスリートの場合、もともと筋肉が十分なレベルであればそれを維持したい、もしくはさらに筋力アップしたいと考えている人がほとんどでしょう。

筋力は、体たんぱく質の分解が起こった時に、修復されて元の状態に戻り、さらに合成した時にアップします。つまり、筋力アップしたいのであれば、今よりもたんぱく質を増やすことに加え、追加のトレーニングも必要。そして、睡眠中にホルモンが分泌されて合成が行われ、筋力アップするので、身体を休めることも重要です。

アスリートは、定食にたんぱく質源の小鉢（納豆や冷やっこなど）を1品プラスしてバランスアップ！

五大栄養素③

脂質

細胞膜の材料になる脂質

脂質は細胞一つひとつの膜（細胞膜）の材料になるとともに、血管を丈夫にします。また大量に酸素を使いながら、長時間にわたりエネルギーを生み出すのが特徴。糖質やたんぱく質と同様にエネルギー源となる栄養素ですが、燃えにくいガソリンといったイメージです。

油脂に溶けるビタミンの吸収をスムーズにする

脂質には、脂溶性ビタミン（ビタミンA・D・E・K）の吸収を促す働きもあるので、野菜は炒めものにしたり、サラダにしてドレッシングをかけて食べるなど、油と一緒に摂ると効率よくビタミンを体内にとり込むことができます。

食品によって異なる脂質の成分

脂質の構成成分は脂肪酸。脂肪酸の結合の違いによって飽和脂肪酸（バター、肉の脂身など）と不飽和脂肪酸に分けられ、不飽和脂肪酸は一価不飽和脂肪酸（オリーブ油、魚油など）と多価不飽和脂肪酸に分類されます。さらに多価不飽和脂肪酸にはn－3系（魚の脂身、亜麻仁油など）とn－6系（菜種油など）があり、それぞれ身体の中での働きが違ってきます。

摂りたいのはn－3系の脂肪でも摂りすぎには注意を

とくに摂りたいのはn-3系の脂肪。n－3系には抗炎症作用（抗酸化作用）や血液をサラサラにする働き、体脂肪を減らす作用があると言われています。これらは魚介類、とくに**いわし、さば、さんまなどの青背の魚に多く含まれています**。このことから食事では、肉類だけでなく魚類も摂るように意識するとよいでしょう。

ただ、いくら身体によくても脂肪は脂肪。脂質を過剰に摂ると肥満、動脈硬化、がん、心臓疾患などの原因にもなります。アスリートとしての身体づくりを目指すことはもちろん、肥満・疾患を避けるためにも、脂質の摂りすぎには注意しましょう。

競技によっては脂質が味方になることも

体脂肪は重りになるイメージがあるかもしれませんが、味方になる競技もあります。浮力を必要とするアーティスティックスイミングや水泳は、筋肉が多いと沈んでしまうため、ある程度の体脂肪があるほうが有利と言われます。また、ラグビーなどのコンタクトスポーツでは脂肪がクッションになり、内臓を保護してくれる、という意見もあります。

脂質を多く含む食品

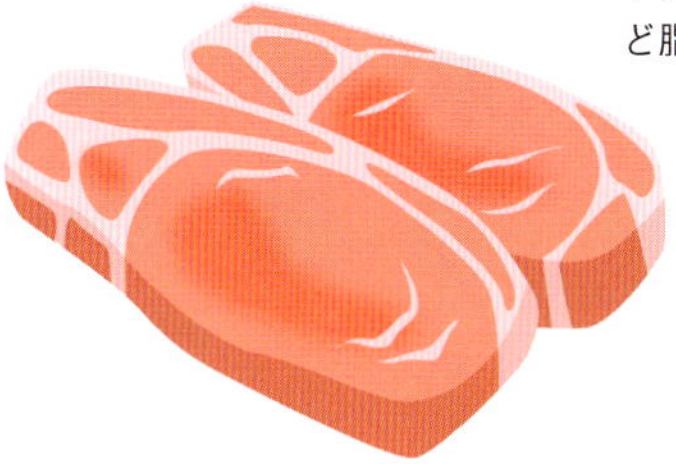

⬅肉類。とくにバラなど脂身の多い部位

⬆バター、マーガリン、調理油など

➡卵。とくに黄身に多く含まれる

⬆魚介類。いわしなど背の青い魚は質のよい脂質を含む

不足すると女性の月経障害の原因に

女性の場合、体脂肪率が低いと、月経障害になりやすいと言えます。女子アスリートを対象とした調査では、体脂肪率の低さと月経障害の比例が見られ、ある程度の体脂肪の確保が推奨されています。

COLUMN

内臓を保護するための脂肪

あるラグビー選手で、筋肉質な身体を目指したいという希望があり、走り込みや筋トレのトレーニングにあわせて、食事で脂質をカットしてもらったことがあります。すると、腹筋が割れるくらいに筋肉が鍛えられましたが、コンタクト(相手選手との接触)で痛みを感じやすくなってしまいました。骨で守られていないおなかへのコンタクトがとくに痛んだので、脂肪が内臓を保護していたと考えられます。脂肪はすべてのアスリートの敵ではないのですね。

ないと困る！脂質の働き

身体を強くする	細胞一つひとつの膜の材料になるということは、身体のすべてに脂肪が使われているということ。不足することはあまりありませんが、過度にカットすると強い身体づくりを妨げてしまいます。
ビタミンの吸収を促す	ビタミンA・D・E・Kは油脂に溶けるため、油で調理すると体内への吸収の効率が上がります。色の濃い緑黄色野菜は油で調理したり、温野菜にしてドレッシングをかけて食べるのがおすすめです。
臓器を保護する	コンタクトの激しいスポーツでは骨で守られていないみぞおち部分に脂肪があることで、衝撃から内臓を守る役割が。また、登山など寒さとの闘いがあるスポーツでも、体温低下を防ぎます。

クイズ〈三大栄養素のまとめ〉

Q1 糖質食材のなかでも腹持ちがよいのはどっち？

A ご飯

B 果物

Q2 たんぱく質を多く含むのはどっち？

A 豆腐

B いも

Q3 よりよい脂質を含むのはどっち？

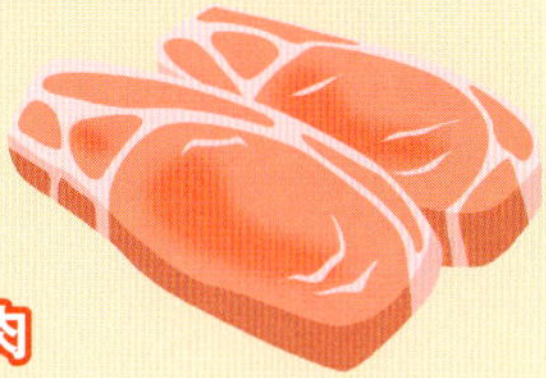

A 肉

B 青背の魚

（答え）

Q１Ⓐ ご飯は多糖類（でんぷん）を含み、消化に時間がかかります。そのため満腹感が持続。果物の果糖は単糖類で、速やかに消化されます。試合直前の補食に向いているのは果物です。

Q２Ⓐ 豆腐は大豆が原料で、大豆は豆のなかでもたんぱく質を豊富に含む食材です。いもは糖質が豊富。

Q３Ⓑ 青背の魚が含む脂肪は、血液サラサラ効果や体脂肪を減らす働きがあると言われています。しかし、ひとつの食品に偏らず、バランスよく摂りましょう。

五大栄養素④ ビタミン

食べ物から摂る必要のあるビタミン

ビタミンには、**ほかの栄養素の働きをスムーズにし、身体の機能を正常に保つ働きがあります。体内ではほとんど合成されない**ため、食物から摂取する必要があります。ビタミンは13種類あり、性質の違いによって水溶性と脂溶性に分けられます。

適切な調理で効率よく摂りたい水溶性ビタミンと脂溶性ビタミン

水溶性ビタミンは、ビタミンB群（B1・B2・B6・B12・ナイアシン・パントテン酸・葉酸《ようさん》・ビオチン）とビタミンC。血液などの体液に溶けて体内に吸収され、余分なものは尿に排出されます。水に溶けるため、調理する際も、ゆでるとゆで汁に流出してしまいます。スープにして汁ごといただいたり、電子レンジで加熱する、蒸し器で蒸すなどすると、効率よく摂取することができます。

脂溶性ビタミンは、ビタミンA・D・E・K。水に溶けず、おもに脂肪組織や肝臓に貯蔵されます。摂りすぎると過剰症を起こすことがあります。脂溶性のビタミンは、脂質のページで前述のとおり、油と一緒に摂ると効率よく摂取できます。

身体づくりと活動をサポートするビタミンの働き

ビタミンB群はエネルギーの産生・代謝をサポートします。また、ビタミンA・D・E・Kは皮膚や骨の健康維持・免疫機能に働き、ビタミンCはコラーゲンの合成に関与します。ビタミンは**直接身体**

ビタミンの種類

水溶性ビタミン

血液などの体液に溶けて体内に吸収され、
余分なものは尿に排出されます。

【ビタミンC】

多く含まれる食材：
柑橘類、いちご、
キウイフルーツ、ブロッコリー、
ほうれん草

【ビタミンB群】

B_1・B_2・B_6・B_{12}、ナイアシン、
パントテン酸、葉酸、ビオチン
多く含まれる食材：
肉、魚、卵、大豆・
大豆製品、玄米

脂溶性ビタミン

水に溶けず、おもに脂肪組織や肝臓に貯蔵されます。
摂りすぎると過剰症を起こすことがあります。

【ビタミンA】

多く含まれる食材：
にんじん、ほうれん草、小松菜、
かぼちゃ、鶏レバー、うなぎ

【ビタミンD】

多く含まれる食材：
魚（かつお、さば、鮭、さんま）、
きのこ（干ししいたけ、乾燥きくら
げ、ほんしめじ、えのきたけ）

【ビタミンE】

多く含まれる食材：
食物油（コーン油、大豆油、サフ
ラワー油）、小麦胚芽、
種実類（アーモンド、ピーナッツ）

【ビタミンK】

多く含まれる食材：
納豆、青じそ、ブロッコリー、
ほうれん草

をつくる材料になるわけではありませんが、アスリートの身体を強くするために、なくてはならない大切な栄養素なのです。

アスリートが不足しがちなビタミンを豊富に含む野菜

野菜が苦手なアスリートが不足しがちなのがビタミンAとCです。これらが不足すると免疫力が低下し、風邪をひきやすくなります。よい体調を維持するためにもビタミンAとCが豊富な色の濃い野菜を毎食摂るように心がけましょう。たとえば、**ブロッコリーはビタミンA・Cが両方とも含まれていて、アスリートにはぜひ積極的に食べてもらいたい**食材です。

ビタミンが不足すると、疲れ、風邪、肌荒れ、口内炎などの原因に。また、ビタミンを過剰に摂ると、下痢、便秘、頭痛、脱毛、腎障害などの原因になりますが、食事からの摂取で過剰になることはほとんどありません。

ストレスで消費するビタミンC

強いストレスを受けるとビタミンCの消耗が激しくなります。試合前に緊張のため情緒不安定になったり、精神面に不調を感じたりする場合は、免疫力や抗ストレス作用をサポートするビタミンCを多く含む柑橘類や、いちご、キウイフルーツなどを摂りましょう。100%果汁のオレンジやグレープフルーツジュースも手軽にビタミンCが摂れます。

ビタミンB群をしっかり摂ってパフォーマンス低下を防ぐ

エネルギー代謝に関わるビタミンB群は欠乏するとパフォーマンスに影響が出る可能性があります。**ビタミンB群の含有量の多い肉、魚、卵、大豆・大豆製品は普段から積極的に摂る**とよいでしょう。とくに豚肉は疲労回復に有効なビタミンB_1を豊富に含む食材。ビタミンB群は**体内にためることができないので、日々の食事でバランスよく摂取しましょう。**

クイズ〈ビタミンのまとめ〉

線で結んでみよう

Q4 それぞれに多く含まれるビタミンは？

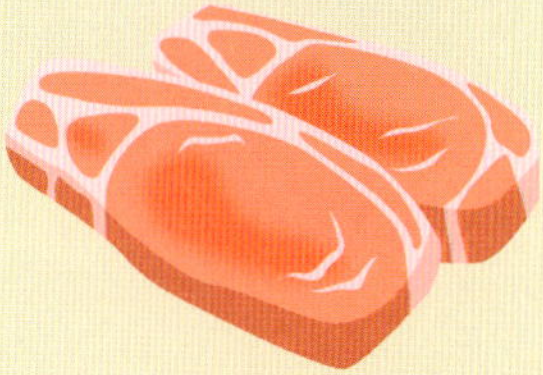

A	B	C
色の濃い野菜	果物	肉、魚、卵、大豆・大豆製品
●	●	●
●	●	●
ビタミンB群	ビタミンA・C	ビタミンC

（答え）

Ⓐ➡**ビタミンA・C**　とくにブロッコリーはビタミンE・Kも含み、おすすめの食材です。

Ⓑ➡**ビタミンC**　グレープフルーツなどの柑橘類や、キウイフルーツが含有量が多く、手軽に摂取できます。

Ⓒ➡**ビタミンB群**　代謝に関わるビタミンで、パフォーマンスの向上に不可欠。いろいろな種類の食材をバランスよく食べましょう。

五大栄養素⑤

ミネラル

16種類のうち不足しがちなミネラルは4種類

ミネラルとは、**微量ながらも身体のコンディションを整える栄養素**で、人に必要なミネラルは現在16種類あります。

必要量の多い「多量ミネラル」は、カルシウム、リン、カリウム、硫黄《いおう》、ナトリウム、塩素、マグネシウムの7つ。

それに対して必要量の少ない、鉄、亜鉛、銅、ヨウ素、セレン、マンガン、モリブデン、クロム、コバルトの9つを「微量ミネラル」と言います。

どれも欠かせない栄養素ですが、**アスリートが運動によってとくに消耗しがちなのは、カルシウム、鉄、ナトリウム、カリウム**。この4つは積極的に摂れるように、とくに覚えておくとよいでしょう。

多量ミネラル

★ **カルシウム**
リン
★ **カリウム**
硫黄
★ **ナトリウム**
塩素
マグネシウム

微量ミネラル

★ **鉄**
亜鉛
銅
ヨウ素
セレン
マンガン
モリブデン
クロム
コバルト

★マークのついたミネラルが不足しがち。意識して摂りましょう。

アスリートがとくに多く消費する カルシウム、鉄、ナトリウム、カリウム

ミネラルは身体の機能を維持・調節するとともに、骨や血液をつくる構成成分にもなります。**運動をすると、体内の分解と合成が活発になるため、カルシウムと鉄の必要量が増えます。**また、**運動時の大量の発汗によりナトリウムとカリウム、さらにカルシウムと鉄も損失**します。つまり、アスリートがトレーニングに励めば励むほど、体内のミネラルが消費されるため、意識して摂る必要が出てくるのです。三大栄養素だけでなく、ミネラル、もちろんビタミンにも気を配って、栄養バランスのよい食事を心がけましょう。

また、月経のある女性アスリートや、マラソンなどの低強度長時間の競技を行うアスリート（127ページ）は、とくに鉄不足にも注意が必要です。鉄分を多く含むレバーなどの食品を意識して食事にとり入れるようにするとよいでしょう。

ミネラルが不足するとケガや不調の原因に

ミネラルが不足すると、身体にさまざまな支障が。たとえば、**カルシウム不足は骨がもろくなり、ケガの原因に**。また、**鉄不足は鉄欠乏性貧血、ナトリウムとカリウムの損失は体内の水分量と浸透圧の調整がうまくいかなくなり、脱水の原因**になります。

骨を強くするカルシウムとたんぱく質

骨の成分は70％がカルシウムで、じつは残りの30％はコラーゲンです。コラーゲンはたんぱく質のひとつ。ということは、カルシウムだけでなくたんぱく質も摂って、はじめて骨が強くなるのです（骨の強化については、48ページでも解説）。

リンの過剰摂取にならないよう加工食品に偏らない

ミネラルを過剰に摂ると、下痢・便秘、胃部不快感、ほかのミネラルの吸収阻害につながることがあります。とくに、カップ麺などの加工食品を多食すると、食品添加物のリンの多量摂取の原因に。リンを多量摂取するとカルシウムの吸収が抑制され、カルシウム不足に陥ってしまいます。この理由からも、加工食品に偏った食事にならないようにしましょう。

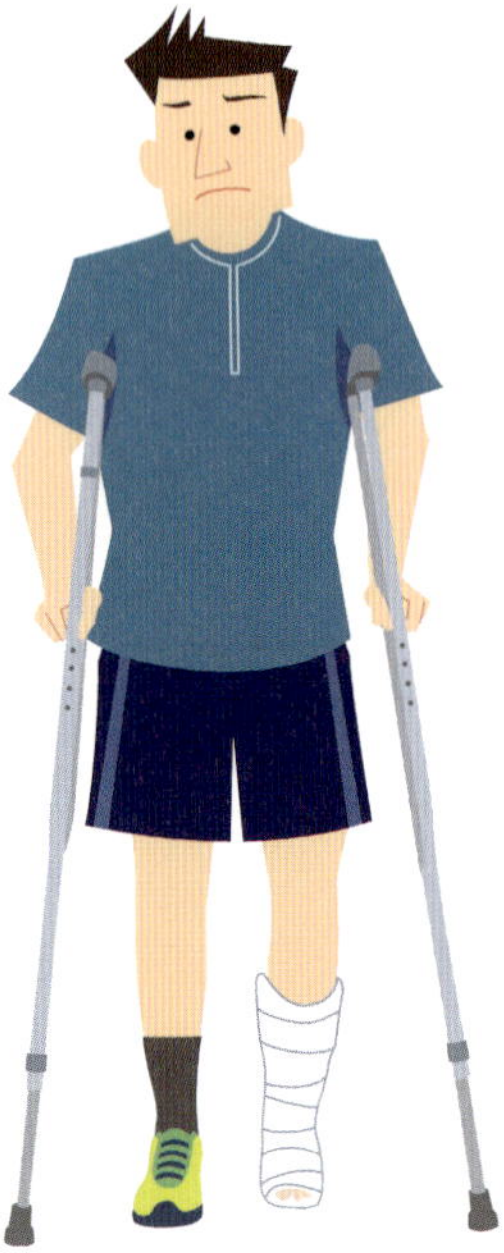

カルシウムやたんぱく質が不足すると、骨が弱くなります。ケガ予防のためにも栄養バランスのよい食事を心がけましょう。

クイズ〈ミネラルのまとめ〉

線で結んでみよう

Q5 それぞれに多く含まれるミネラルは？

A 牛乳	B スポーツドリンク	C グレープフルーツ	D レバー
カルシウム	鉄	カリウム	ナトリウム

（答え）

Ⓐ ➡**カルシウム**　カルシウムは乳製品全般に含まれますが、なかでも牛乳は手軽に摂取でき、たんぱく質の補給にもなるのでおすすめです。

Ⓑ ➡**ナトリウム**　スポーツドリンクは運動で失われたナトリウムや他のミネラルを速やかに吸収できるように設計されています。トレーニングや試合など、発汗が激しい時はスポーツドリンクを。

Ⓒ ➡**カリウム**　余分な塩分を排出する働きのあるカリウム。果物全般に含まれています。

Ⓓ ➡**鉄**　レバーは鉄を豊富に含む食材の代表。また、貧血の予防改善にはたんぱく質もあわせて摂ることが大切。レバーにはたんぱく質も含まれているので効率よく栄養を摂取できます。

多くのエネルギーを消費するアスリート

アスリートは運動する分多くのエネルギーを消費

人は、日常動作でもエネルギーをつねに消費しています。体温を維持する、寝ていても爪が伸びるなど、動いていなくても最低限消費するこれらのエネルギーを「基礎代謝」と呼びます。これに、日常の動作に使うエネルギーが加わり、アスリートの場合は運動がプラスされます。つまり、アスリートは通常の生活をする人に比べて、エネルギーを多く消費しているわけです。

激しい運動に合わせた食事の内容と量を

普段ほとんど運動をしていない人と定期的に運動をしているアスリートを比べると、外見はもちろん中身にも大きな違いがあります。車にたとえるなら、前者が普通車で後者がレーシングカーです。

小回りのきく普通車は、狭い街中を走るのに向いていて、燃費がよいもの。一方、スピードや持久力に長《た》けたレーシングカーは過酷なレースで威力を発揮します。ただ、レーシングカーはメンテナンスに労力がかかり、燃料も質と量が問われます。

普通車とレーシングカーでは性質がまったく異なるように、運動をしていない人とアスリートが同じ食事量、食事内容というわけにはいきません。

また、身体を動かすためだけでなく、アスリートは、戦術を考える、集中する、プレッシャーに打ち勝つなど、脳を働かせるためにもエネルギーを消費します。身体と脳をフル稼働させるため、競技によっても異なりますが、**一般の人のおよそ1・5倍の栄養と量を摂ってもおかしくない**のです。

エネルギーの消費を車にたとえると

通常の生活をする人

燃費のよい普通車

走行スピード、距離が普通（通常の生活）のため、ガソリン（人にとっての栄養）も普通の量でOK。

日常使用
する量の
ガソリンで
OK！

アスリート

極限のパフォーマンスを生み出すレーシングカー

極限のスピードを目指して走行する（運動量が多く激しい）ため、ガソリン（人にとっての栄養）が通常よりも多く必要。

パフォーマンスを
支える
たっぷりの
燃料が必要！

個々の食事管理でパフォーマンスの波を減らす

アスリートと一口に言っても、性別や年齢、体格や運動量など条件はさまざまです。そのため一人ひとり、必要となるエネルギー量は変わってきますし、普段の練習と強化合宿、シーズン中と長期のシーズンオフでも運動量が違います。そのため、その時々の条件に合わせて食事量や内容を調整し、自分にとってのベストな体重・体脂肪率をキープすることが、パフォーマンスの波を減らす意味でも重要になってきます。

ケガやパフォーマンスの低下を招くエネルギー不足

エネルギー不足は、急性的な症状と慢性的な症状に分かれて現れます。急性的な症状は、息切れ、力が入らないなど、一次的な競技力の低下です。そのほか集中力の低下も招き、よけるべき人やボールとの衝突や、ふらついてつまずくなど、ケガのリスク増加につながります。

慢性的なエネルギー不足の症状は、長距離競技の記録の遅れ、体重の減少、トレーニングをしているのになかなか筋力アップしないなどです。また、慢性的なエネルギー不足は疲労を招き、結果的に、免疫力の低下によるウイルスや菌の感染につながります。

トレーニング内容に合わせた食事量の確保を

食事全体の量が減るとエネルギーだけでなく、ビタミンやミネラル、たんぱく質が少なくなり、免疫力をサポートするそれらの栄養素が必然的に少なくなります。しかし、これらの症状が現れても、本人は食事が足りないためだと気づかないこともよくあります。**トレーニングをプラスしたら食事もそれに合わせてプラスを。**「いつもどおり」では筋力はアップしません。

アスリートと通常の生活をする人の栄養摂取基準の比較

	選手目標値一例	18～29歳男性 身体活動レベルⅡ(※)
エネルギー(kcal)	3500	2650
炭水化物(g)	500	-
たんぱく質(g)	130	60
脂質 (エネルギー比率%)	27	20～30
カルシウム(mg)	1000～1500	800
鉄(mg)	15～20	7.0
ビタミンA(μgRE)	900～1200	850
ビタミン B_1 (mg)	2.1～2.8	1.4
ビタミン B_2 (mg)	1.8～2.1	1.6
ビタミンC(mg)	200	100

出典:選手目標値一例…『アスリートのための栄養・食事ガイド』(第一出版)
18～29歳男性…厚生労働省 「日本人の食事摂取基準2015年版」
※座位中心の仕事だが、職場内での移動や立位での作業・接客等、あるいは通勤・買い物・家事、軽いスポーツ等のいずれかを含む場合

5つの料理群で栄養バランスアップ

5つの料理群を揃えることを意識

栄養バランスのよい食事は、パフォーマンスを高めるための基本。五大栄養素（炭水化物、たんぱく質、脂質、ビタミン、ミネラル）を含む献立を毎食摂るのが理想ですが、食事のたびに栄養素を考えるのは大変です。そこでおすすめなのが、5つの料理群（主食、主菜、副菜、牛乳・乳製品、果物）を一度の食事に揃えるという食べ方です。

①主食　ご飯、パン、麺類、シリアルなどの穀類。おもに糖質の補給源

②主菜　メインとなるおかず。肉、魚、卵、大豆・大豆製品など。おもにたんぱく質の補給源

③副菜　サブとなるおかず。1品だけでなく、何種

①主食

例）ご飯、パン、麺など
糖質が多く含まれ、効率よくエネルギーになる

②主菜

例）肉、魚、卵、大豆製品など
たんぱく質が多く含まれ、身体づくりの材料になる

類かを組み合わせてもＯＫ。緑黄色野菜、その他の野菜（淡色野菜）、いも類、海藻類、きのこ類。おもにビタミンとミネラル、食物繊維の補給源

④牛乳・乳製品　牛乳、チーズ、ヨーグルトなど。おもにたんぱく質やカルシウム、腸内環境を整える乳酸菌などの補給源

⑤果物　みかんやキウイフルーツ、いちごなど。おもに糖質とビタミンの補給源

牛乳・乳製品と果物も忘れずに

主食と主菜、副菜はそこまで意識しなくても揃うことが多いのですが、**意外と忘れがちなのが牛乳・乳製品と果物**。とくに、一人暮らしをしていたり、トレーニングなどで忙しい人は、毎食用意するのは大変です。そんな時は冷蔵庫に１ℓの牛乳と果汁１００％オレンジジュースを常備しておき、一日にコップ数杯ずつ飲むだけでも栄養価がアップします。コンディションもよくなるかもしれませんから、ぜひ試してみてください。

③副菜

例）野菜の煮物やサラダなど
ビタミン、食物繊維が多く含まれ、身体の調子を整える。とくに、ビタミンAの多いにんじん、ほうれん草、ブロッコリーなど、色の濃い野菜がおすすめ

⑤果物

例）柑橘類、いちご、キウイフルーツなど
ビタミン、とくにビタミンCと糖質が豊富で、身体の調子を整える。果物が摂りづらければ、オレンジやグレープフルーツの果汁100％ジュースでもOK

④牛乳・乳製品

例）牛乳、ヨーグルト、チーズなど
ミネラル、とくにカルシウムと、たんぱく質が多く含まれる。身体づくりの材料になる

基本の3食＋補食のアスリート食

「補食」は食事をカバーするための小さな食事

朝・昼・夕と一日3食、しっかり食事を摂るのがベストですが、バランスよく食べられなかったり、トレーニング量が増えて必要とするエネルギー量が増えるような時は間食＝補食を活用しましょう。間食と言えば、お菓子をイメージしがちですが、アスリートの世界では**3食では摂りきれないエネルギーや栄養素をカバーするための食事**ととらえます。そこでおにぎりやサンドイッチ、果物やヨーグルトなど、**栄養素密度の高い補食を食事と食事の間にとり入れる**ことで、一日に必要とする量を満たします。補食がとくに役立つのは、成長期のアスリート（まだ身体が小さいため一度にたくさん食べられない）、増量をしているアスリート（摂取すべき食事の全体

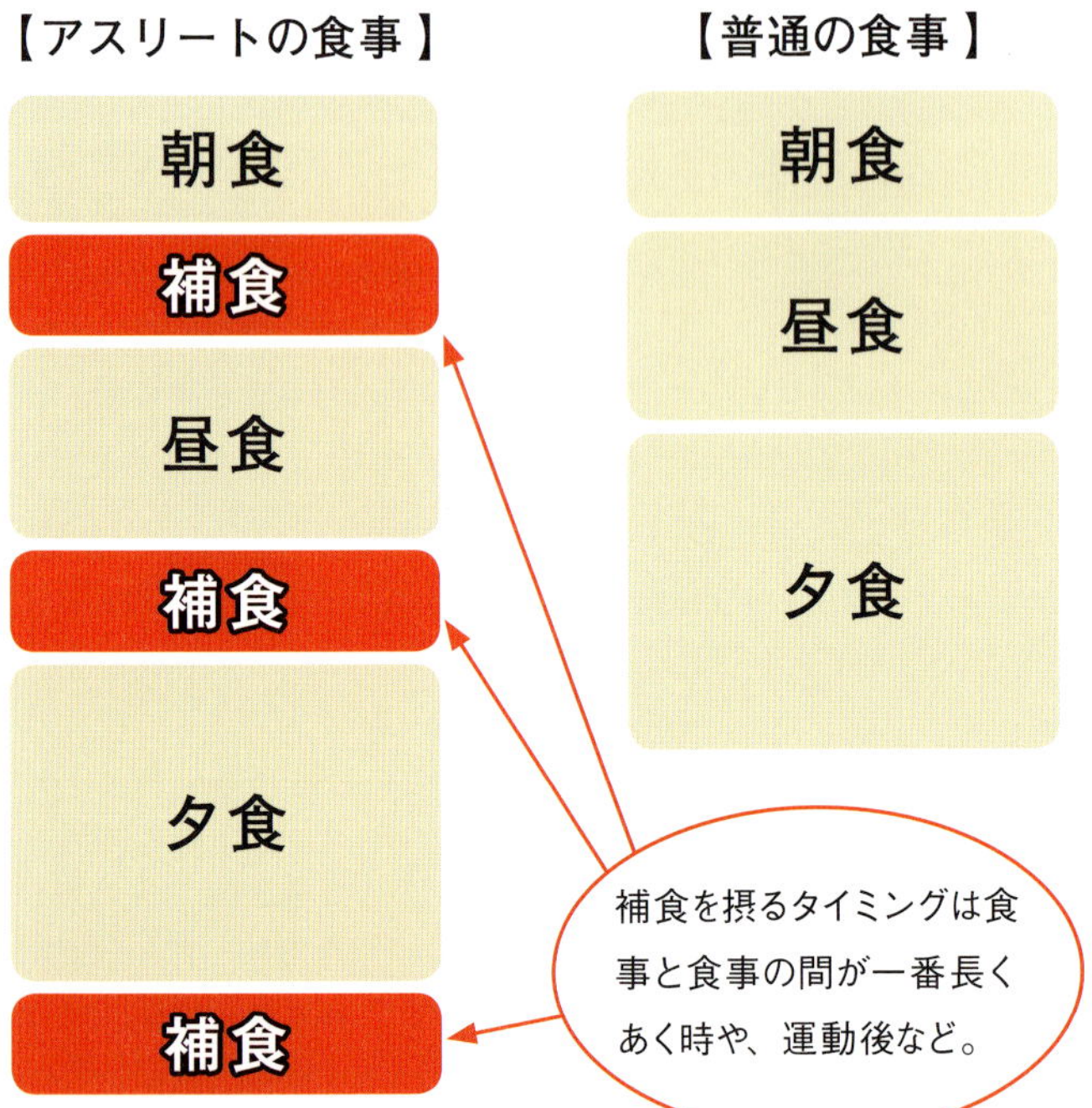

量が多い）、3食を規則正しく食べられない時（試合や遠征）などです。補食はあくまでも食事の補助として、エネルギーと栄養を補えるような内容にしましょう。

栄養素密度とは？

「栄養素密度」とは、食材に含まれる栄養素の量のこと。トレーニング等で日々身体を酷使するアスリートは、疲労回復のために相当量の栄養を必要とします。そのため、日々の食事や補食では、同じ重量・カロリーであっても栄養素が多い＝栄養素密度の高い食品を意識して選ぶ必要があります。

たとえば、飲み物を選ぶなら清涼飲料よりも牛乳を選んで。清涼飲料には砂糖が含まれるので、エネルギーにはなりますが、摂りすぎるとビタミンB群の消耗や、体脂肪の増加の原因になります。一方、牛乳はたんぱく質、カルシウム、ビタミンB群などの栄養をバランスよく摂ることができる、栄養素密度の高い食品です。

補食におすすめの食品

飲み物

牛乳、ヨーグルト、オレンジやグレープフルーツの果汁100％ジュース、野菜・果汁ジュース　など

軽食

サンドイッチ、おにぎり、巻きずし　など

和菓子

どらやき、カステラ、たいやき、お団子　など

果物

グレープフルーツ、キウイフルーツ、バナナ、いちご　など

骨の強化とカルシウム

新しくなり続けている骨

骨は一度できあがったらずっとそのままと思うかもしれませんが、筋肉と同じように、代謝を繰り返しています。細胞が出入りしているイメージで、一年に4％程度の組織が入れ替わっているのです。一番骨密度が高くなるのは20歳前後。それ以降は骨密度が落ちていきますが、落ちていくなかでも、ずっと細胞が入れ替わっています。つまり、ピークの20歳に、いかに骨密度を高めておくかが、その後、骨の強い人生を送れるかどうかのカギになります。

そのためには、若いうちからカルシウムやたんぱく質をしっかり摂って骨を強くしておくことが大切です。そして、ピークを過ぎてもしっかりとカルシウムとたんぱく質は摂り続けなくてはいけません。

また、女性の場合、閉経で女性ホルモンの分泌量が変化するため、骨密度が低くなりやすく、とくに意識して摂る必要があります。

食事プラス運動で骨が強くなる

骨は運動による衝撃で骨密度が増加します。骨に細かな傷ができ、それを治そうとする働きで強くなるのです。骨密度強化には、ウォーキングやランニングなど、地面に足がついている状態の運動が有効です。アスリートの場合は普段から運動をしているので通常の生活をしている人よりは骨密度が高いことが多いと言われます。また、部位によっても骨密度は変わります。たとえば、ボートの選手は足は固定していますが、よく動かす腕の骨密度が全身のなかで高いと言われています。

ケガのリスクを減らすためにもカルシウムとたんぱく質摂取を十分に

適度な衝撃は骨を強くしますが、過度になると疲労骨折などのケガの機会が増えます。とくに、繰り返しの衝撃がかかるランニングやジャンプ動作が多い種目では、リスクが増えます。こうしたケガを予防するためにも、一般の人以上に、カルシウムとたんぱく質の摂取が必要です。

カルシウムは牛乳からの摂取がおすすめ

カルシウムとたんぱく質を摂るには、肉、魚、卵、大豆・大豆製品と、牛乳などの乳製品を摂りましょう。カルシウムは小魚や野菜にも含まれますが、おすすめは牛乳です。その理由はいくつかあり、

- 値段が安価で安定している
- 手に入りやすい
- コップ1杯（200㎖）に対して約200㎎のカルシウムが含まれ、栄養が効率よく摂れる
- 調理しなくてもすぐに飲める

など。アレルギーや乳糖不耐症（おなかがゴロゴロしてしまう）で牛乳が飲めない人は、ほかの食材で補いましょう。

料理にも少しずつ使って全体の摂取量を増やす

乳糖不耐症の人は、ヨーグルトがおすすめです。乳糖が分解されているので、おなかがゴロゴロしにくいと言われます。また、冷たい牛乳を飲んでおなかが冷えてしまうケースもあるので、温めたり、少しずつ飲むとよいでしょう。牛乳の味が苦手な人は、コーヒーやココアなどで味を緩和させたり、クリームシチューやホットケーキに入れたりするなど、**いろいろな調理に使って少しずつでも摂ると全体量が補えます。**

さまざまな原因で起こる貧血

栄養不足でも起こる貧血

貧血は多くのアスリートが悩む症状のひとつで、**疲労やパフォーマンス低下を起こします**。なかでも**鉄欠乏性貧血は月経のある女子・女性アスリートによく見られ、血液中の赤血球やヘモグロビンの減少によって起こります**。

栄養不足は貧血の大きな原因です。このケースは、肉類（動物性たんぱく質を含む）をあまり食べない人や、下痢や便秘を繰り返す人、成長期のジュニアアスリート、厳しい減量をしている人などに見られます。一人暮らしで食事に手が回りきらずに栄養不足になってしまう場合もあります。

貧血の予防・改善のためには、運動量に見合った食事の全体量が確保できているかをまず見直してください。そして、栄養バランスのよい食事を心がけます。とくに、鉄、たんぱく質、ビタミンＣ（鉄の吸収を促す）が豊富な食材を積極的にとり入れましょう。

貧血の改善には鉄だけでなく、たんぱく質（ヘモグロビンの材料になる）も食事で十分確保することが大切です。事実、貧血に悩む女性アスリートに、**鉄だけでなくたんぱく質を意識して摂ってもらうと、症状が改善する**ケースがよくあります。

不調の原因が見つからない時は一度貧血を疑ってみても

もし、「なんとなく調子が悪い」「記録がなかなか伸びない」「練習がつらい」などの不調があり、原因が見当たらない時は、貧血を疑ってもよいでしょう。そのような場合は、医療機関で血液検査を受けることをおすすめします。その際、「赤血球」「ヘモグロビン」「ヘマトクリット」などの一般項目に加え、「血清《けっせい》フェリチン」「トランスフェリン」「血清鉄」の項目も検査してもらえないかリクエストしてみてください。一般項目が正常でも、これらの項目の数値が低下した場合「潜在性鉄欠乏」であり、貧血になりかけている状態です。**貧血になってしまうと治るのに時間がかかりますが、潜在性鉄欠乏でしたら比較的早く治ります。**

食生活の改善だけでなくトレーニングや休息のとり方も見直す

また、貧血と診断された場合は、栄養や食事だけでなく、トレーニングや休息も見直すことが大切です。トレーニングの時間、内容、強度は指導者と相談して調整しましょう。また、睡眠不足も貧血を招きます。休息を十分にとることも、貧血改善に役立ちます。

貧血の人におすすめの食品

鉄の多い食品	1回の摂取目安量	鉄量(mg)	ビタミンCの多い食品	1回の摂取目安量	ビタミンC量(mg)
鶏レバー	50g	4.5	キウイフルーツ(緑)	1個(100g)	69
牡蠣	50g	1.1	いちご	5粒(100g)	62
あさり水煮	30g	8.9	みかん	1個(70g)	22
あさり佃煮	30g	5.6	オレンジ100%ジュース	200mℓ	84
ほうれん草	50g	1.0	グレープフルーツ100%ジュース	200mℓ	106
小松菜	50g	1.4	ブロッコリー	70g(1/3株)	84
木綿豆腐	150g(1/2丁)	2.3	小松菜	50g	20
調整豆乳	200mℓ	2.4	ほうれん草	50g	18

体調でわかる食事の栄養バランス

バランスのとれた食事を摂っているつもりでも、体調がすぐれない人は、じつは栄養が不足しているかもしれません。左のチェックシートを参考に、普段の食事内容を見直してみましょう。

現在、体調が良好で、運動中の不調もなく、コンディションがよく、目的（筋力アップ、増量、減量など）も達成しているようであれば、今の食事内容が適切なのだと考えられます。とくに食事を見直す必要はありませんので、現在のよい状態をぜひキープしてください。

CHECK!

思いあたったら
改善を！

セルフ
カウンセリング
チェックシート

□ よく風邪をひく、発熱をする

（原因）
食事面：ビタミン、ミネラル不足、食事全体のエネルギー量が足りない
その他：睡眠不足、冷え

食事の改善方法

果物、野菜をしっかり摂り、食事の内容を見直す。

□ 疲れやすい

（原因）
食事面：栄養バランスが全体的に悪い
その他：睡眠不足

食事の改善方法

食事の内容を見直し、偏りがないか、量が足りなくないかチェックする。

□ 夏バテしやすい

（原因）
食事面：たんぱく質の不足、水分不足
その他：睡眠不足、疲労、体力が低い

食事の改善方法

肉、魚、卵、大豆製品などのおかずを増やす。こまめに水分を摂るように意識し、総量を増やす。

□ 筋肉がつったりけいれんする

（原因）
食事面:栄養バランスが全体的に悪い、水分不足、無理な減量をしている
その他：ウォーミングアップ不足、疲労

食事の改善方法

食事の内容が偏っていないか確認。こまめに水分を摂るよう意識する。計画的で健康的な減量につとめる。

□ 貧血

（原因）
食事面：たんぱく質不足、鉄不足、運動量に対して栄養量が足りない
その他：練習が長時間、高強度

食事の改善方法

肉、魚、卵、大豆製品などのおかずと食事の総量を増やす。

□ 口内炎がよくできる

（原因）
食事面：ごはん、パン、麺、菓子、アルコールが多い
その他：睡眠不足、疲労

食事の改善方法

主食や菓子を減らし、その分おかずを増やす。

□ 胃が痛い

（原因）
食事面：暴飲暴食、脂っこいものや冷たいものの摂取、早食い
その他：体質、遺伝、精神的ストレス

食事の改善方法

栄養バランスのよい食事を摂り､脂っこいものや冷たいものを控える、よくかんで食べる。

□ 便秘や下痢になる

（原因）
食事面：栄養バランスが悪い、便秘の場合脱水
その他：不規則な生活スタイル、精神的ストレス、下痢の場合冷え

食事の改善方法

栄養バランスに偏りがないかチェックする、便秘の場合水分補給。

サプリメントとの付き合い方

2種類あるサプリメント

市場にはさまざまなサプリメントが出回っていますが、これらは大きく2種類に分類されます。ひとつは、ビタミンCやプロテインパウダーなど、食事で不足している栄養素を補うための「栄養補助食品」。もうひとつは、アミノ酸など身体機能や運動機能を向上させることを目的とした「エルゴジェニック」です。

過剰に摂取すると健康に悪影響のある栄養素

パフォーマンスを向上させたいアスリートにとって、とくに後者のサプリメントに魅力を感じがちですが、じつは**実際の効果を科学的に検証しているデータは多くありません**。アスリートであってもバランスのとれた食事をしていれば、サプリメントに頼るほどの栄養不足はあまり見られない、との研究結果も出ています。また、サプリメントの中には医薬品成分を混入させたものがあり、とくに海外から個人輸入した製品は、日本のものに比べ圧倒的に健康被害が多いという事実があります。さらにサプリメントの多量摂取は、むしろ身体にとって毒になることもあるので注意が必要です（たんぱく質の過剰摂取はカルシウムの排泄を増加、腎機能の低下、肥満を招く等）。

サプリメントは上手に使えばアスリートの味方に

もちろん、サプリメントが役立つこともあります。たとえば、**疲労や本番前のプレッシャーで過度の食**

欲不振に陥っている時、海外遠征や合宿など、いつもとは違う環境下で多品目の食品を入手するのが困難な時など。こうした状況の時は、プロテインやゼリードリンクなどの栄養補助食品を上手に利用するのが賢い使い方と言えます。また、必ず利用しなくても、携帯していることで「何かあった時に頼ろう」とアスリート自身が安心できるのであれば、心の保険にもつながります。

サプリメントを使用する前に専門家に相談を

安易にサプリメントを使用するのではなく、まずは食事、休養、トレーニングを見直すことで、スポーツ上の悩みや課題はある程度克服できるでしょう。それでも解決しない時にはじめてサプリメントが必要かどうかを検討し、管理栄養士やスポーツドクター、サプリメントアドバイザーなど専門家に相談のうえ、摂取するかどうかを決めましょう。アスリートの資本は身体です。自分の体内に入れるものに対して責任をもち、管理することが大切です。

こんな時　時と場合によっては便利なサプリメント

牛乳アレルギーのためカルシウムが不足しがち
【これを使う】カルシウム、マルチミネラル

試合や競技会でスケジュールが込み合っているが栄養補給をしたい
【これを使う】スポーツドリンク、ゼリードリンク

気温（暑い）やその他環境により衛生的に食品の安全性を確保できない
【これを使う】プロテイン、ゼリードリンク、スポーツドリンク

強化トレーニングや合宿時、海外遠征時に食事で十分な栄養が摂れない
【これを使う】プロテイン、マルチビタミン、マルチミネラル、アミノ酸

緊張やプレッシャーなど、何らかの理由でどうしても食欲がわかない
【これを使う】プロテイン、ゼリードリンク、マルチビタミン、マルチミネラル

水分とアスリートの身体

水分が不足すると健康に支障が現れる

「運動中にはこまめな水分補給を」とよく言いますが、なぜそこまで必要なのか、ご存じでしょうか？　人間は運動したり、気温の高い場所にいると、体温が上昇します。すると、上がった体温を下げるために汗をかきます。発汗すると体内の水分が失われるため、その分水分を補給する必要があるのですが、水分補給が間に合わないと脱水し、ひどくなると頭痛、めまい、意識障害、昏睡、けいれんなどを引き起こします。

2％の水分不足で運動パフォーマンスが低下

アスリートの場合、通常の生活よりも身体を動かすため、水分を失いやすいと言えます。**体重の2％の水分が失われるとパフォーマンスは明らかに低下し、5％の脱水でパフォーマンスは約30％低下**すると言われます。また、水分の不足状態はパフォーマンスの低下だけでなく、前述のように健康への支障も招きます。だからこそ、運動にはこまめな水分補給が重要なのです。とくに試合中はプレーに集中して水分補給を忘れがちになるので注意しましょう。

セルフチェックと水分不足の予防

ただ、発汗量には個人差があり、また、その時々の体調によって脱水症状を起こすこともあります。自分の脱水の状態を知るためには、日頃から自分の尿の色をチェックするのがひとつの手がかりになります。

尿は、色が濃いほど脱水状態にあると考えられます。透明に淡く黄みがかった色であれば、おそらく脱水の心配はありません。逆に、濃くなればなるほど脱水状態であることが考えられ、茶色や赤の状態が続く場合は医師の診察をすすめます。ただし、尿の色には個人差があるので、日頃から色をチェックして、自分が脱水していない時の色を覚えておきましょう。

体重測定でわかる水分の減少量

また、運動前後の体重測定を習慣にするのも脱水予防に効果的です。体重が**減った分が運動中に失われた水分量の目安**になります。気温や湿度によっても発汗量は違ってきますから、運動する当日の気温と湿度を測ったうえで運動前後に体重を量り、その差を記録しましょう。体重の差（kg）を、運動前の体重（kg）で割った数字が、体重に対して失われた水分の%です。この計測は、継続することが大切。日々記録することで、自分にとって必要な水分量の目安がわかってきます。

体重測定で把握する水分の損失量
（あるアスリートの2日間の測定例）

運動前後の体重を記録。その日の気温・湿度もあわせて記録します。
損失率2％がパフォーマンス低下のラインです。

ある日の測定 気温 26℃ 湿度 50%	運動前(kg)	運動後(kg)	差（kg）	損失率	
	63.0	62.0	1.0	1.0÷63.0×100 =1.6%	許容範囲

別の日の測定 気温 24℃ 湿度 75%	運動前(kg)	運動後(kg)	差（kg）	損失率	
	63.5	61.6	1.9	1.9 ÷63.5 ×100 ＝3%	パフォーマンス低下

食事とドリンクから補給する水分

日頃から身体の水分を満たしておく

水分不足を避けるには、まずは日頃から身体を必要な水分で満たしておくことが大切です。水分は飲み物で補うものと考えがちかもしれませんが、飲み物だけでなく食べ物にも含まれています。とくに、ご飯（水を入れて炊くため）、野菜、果物、乳製品などは水分が豊富です。食事にはみそ汁などの汁物をつけるのがおすすめですが、これは献立の味のバランスをよくするためだけでなく、水分の補給にもなります。

また、これらの食品は水分だけでなく汗で失われるミネラルも含んでいます。そのため、**日頃から適切な量の食事と水分補給をし、運動をする当日も朝からこまめに水分を補給することで体内は適度な水分と栄養で満たされ、発汗しても脱水を回避することができる**のです。

ドリンクで水分補給をする時のコツ

高いパフォーマンスを得るために、日常、運動中とも、身体を十分な水分で満たした状態にしておくのが理想です。そのためにはコツがふたつあり、ひとつはのどが渇く前に水分を摂ること。水分は、身体を動かして汗をかいたら補給するイメージがあるかもしれませんが、**「のどが渇いた」と思った時点で、すでに脱水が始まっています**。

ふたつめは、少しずつこまめに飲むこと。のどが渇いていると一気に飲みたくなりますが、一度に大量の水分を摂ると脇腹の痛みや、胃液が薄まることによる消化不良の原因になります。また、ドリンクの温度は、10℃前後（やや冷たく感じる）が吸収されやすいと言われています。

体重測定で失った水分量の目安を把握

運動時、大量に汗をかくようなトレーニングの時は、目安として15分に1回の割合で、毎回約150～200㎖を摂るのがよいでしょう。

一日に補給する水分量の日安を知るには、57ページでも紹介している、運動前後の体重測定が手軽です。**運動によって体重が2kg減ったとしたら、約2ℓの発汗で水分を損失している**と考えられます。よって、運動中に2ℓ弱の水分補給を行い、トレーニング後の食事（汁物や野菜など）や飲料で損失分を補います。翌朝、体重が前日の運動前の体重に戻っていれば正しく水分補給したことになります。

ただ、発汗量は個人差がありますので、この量はあくまでも目安です。季節や運動の強度によっても失う水分量は変わるため、日々計測し、その時々の身体に必要な水分量を把握しましょう。

水分はドリンクだけでなく食事からも摂り、1日の必要量を確保しましょう。

ドリンクの種類と飲み方

発汗のレベルに合わせてドリンクを飲み分ける

運動中は発汗によって体内の水分量が減るため、脱水を予防するための水分補給が必須です。ただ、やみくもにがぶ飲みすればいいというわけではなく、発汗量に応じた適切なドリンクと効果的な飲み方を意識することが大切です。

まずドリンクですが、発汗の度合いに応じて2種類を飲み分けるのがポイントです。**あまり汗をかかない場合は水かお茶**を選びましょう。お茶はノンカフェインの麦茶などや、カフェインが少ないほうじ茶や番茶などが最適。カフェインを多く含む緑茶や紅茶などは利尿作用があるため、水分を補給する意味ではおすすめできません。一方、**大量に汗をかくような場合はスポーツドリンク**がよいでしょう。スポーツドリンクには塩分や糖分が適度に含まれているため、汗で失われた電解質（ナトリウムやカリウムなど）を速やかに吸収することができるのです。

この時、水やお茶などで済ませてしまうと「自発的脱水」になる恐れがありますので、必ずスポーツドリンクを飲むようにしましょう。

たくさん汗をかいた時はスポーツドリンクで水分、電解質、糖質を補給。

電解質不足で進んでしまう自発的脱水

「自発的脱水」とは、体内の電解質成分（ナトリウム等）の濃度を保とうとして起きる脱水です。発汗により水分と電解質を失った状態で、水やお茶などの水分だけを補給すると、体液が薄くなります（電解質の濃度が低い状態）。身体は体液の濃度を一定に保とうとするため、水分を出して濃度を上げようとし、さらに発汗や利尿が起こります。こうして脱水が進むのが、自発的脱水・二次的脱水のメカニズムです。

ダイエットタイプのスポーツドリンクにご注意

たとえば1時間以上の運動の場合は、100㎖中食塩0.1〜0.2％（ナトリウム40〜80㎎）を含んだドリンクが適していて、スポーツドリンクはだいたいこの前後の量が含まれています。気をつけたいのが、低糖質や低カロリーのスポーツドリンク。そこまで激しい運動をしない人で、おもに水分補給を目的としている場合はこれでもOKですが、エネルギーを消費するアスリートにとっては、スポーツドリンクの糖質も必要な栄養の一部です。ダイエットタイプではないものをおすすめします。

クイズ〈水分の正しい摂り方はどっち?〉

Q6 試合やトレーニングでたくさん汗をかく時
A 水　B スポーツドリンク

Q7 どのくらいの頻度で飲む？（目安）
A 30分に1回　B 15分に1回

Q8 1回に飲む量はどのくらい？（目安）
A のどの渇きを感じなくなるまで
B 大きな口で3回くらい

Q9 温度はどのくらいが適切？
A 常温　B やや冷たい

（答え）／Q6Ⓑ　Q7Ⓑ　Q8Ⓑ　Q9Ⓑ

使う分を補給する「エネルギー出納」

食べたエネルギーと使ったエネルギー

栄養学では、「エネルギー出納《すいとう》」という考え方があります。これは身体のエネルギーの出入りのことで、具体的にはエネルギーの摂取と消費を指します。

アスリートのパワーの源であるエネルギーには、摂取エネルギー（食べるエネルギー）と消費エネルギー（使うエネルギー）があり、左下の図「エネルギー出納のイメージ」のように、つねにエネルギーが身体を出入りしているイメージです。

エネルギー不足は筋肉が減る原因に

摂取エネルギーと消費エネルギーのつり合いがとれていると体重が維持され、摂取エネルギーのほうが多いと体重が増加、逆に消費エネルギーが多いと体重が減少します。

計画的に体重の増減を目指している場合は別ですが、基本的にはエネルギー出納がつり合っている状態が理想的。体重が一定だと、コンディションが保たれ、強い身体を維持することができるからです。

しかし、**エネルギー摂取量が不足すると体重の減少が起こるだけでなく、たんぱく質が筋肉の合成よりもエネルギーとして使われるよう優先されます。**

つまり、食事の全体量をしっかり確保しておかないと、もともと鍛えているアスリートの場合、筋肉が減ってしまうのです。

筋肉を減らさないために糖質を摂る

また、糖質の摂取量が少ない場合もエネルギー源が不足し、体内のたんぱく質を分解してエネルギーとして利用するようになります（このメカニズムを「糖新生《とうしんせい》」と呼ぶ）。筋力アップ＝たんぱく質をたくさん摂ると想像しがちですが、筋力アップを望むのであれば、まずは全体的な食事量を確保し、そのうえで十分な糖質、たんぱく質を摂ることが大切です。

日々の測定・記録で エネルギー出納を管理する

このように、アスリートにとってエネルギー出納の考えはとても大事になってくるのですが、実際にエネルギー出納のつり合いがとれているかどうか調べることはできるのでしょうか。

一番手軽にできるのが、体重測定と、食事・トレーニング内容の記録です。体重は食事や体調、トレーニング内容や睡眠時間によっても変わります。これらの記録を習慣にすると、大幅な体重の増減を防いでよいコンディションをキープすることができ、体重の増減があった場合でも、その原因が大体わかります。

エネルギー出納のイメージ

食事でエネルギーが満ちた状態

運動でエネルギーを消費する

食事を摂るとエネルギーが回復する

エネルギーを取り戻す「リカバリー」

身体のガソリン「グリコーゲン」

アスリートの食事目的のひとつに、リカバリー（疲労回復）という概念があります。試合やハードなトレーニングを長時間行った後はエネルギー源である「グリコーゲン」が減少しています。

グリコーゲンの原料は糖質で、身体にとってのガソリンのようなものです。身体（肝臓と筋肉）にはガソリンをためるタンクがあり、運動するとガソリンが使われてタンクの残量が減っていきます。

グリコーゲンの貯蔵量を回復するリカバリー

63ページ下の「エネルギー出納のイメージ」の、「エネルギー」を「グリコーゲン」に置き換えてみてください。**運動後は、体内のグリコーゲンが減り、食**

食事によるリカバリーのイメージ

運動前にグリコーゲンで満ちた状態

運動でグリコーゲンを消費した状態

事の摂取でグリコーゲンの貯蔵量が回復します。ここで速やかにリカバリーするためには、即時の栄養補給が重要です。そのまま放置しておくと、前述のとおり体たんぱく質の分解が進み、筋肉量の低下、筋力アップが進まないだけでなく、疲労がとれないなどの影響が出てきます（下記「食事によるリカバリーのイメージ」参照）。

運動直後の栄養摂取で速やかなリカバリーを

リカバリーのためには運動後、すぐにバランスのとれた食事を摂るのが理想ですが、摂れない場合は、補食を効果的にとり入れましょう。まずは運動直後に速やかに水分補給をします。その後、糖質を中心とした食品（果汁100％ジュース、おにぎり、パンなど）を摂りましょう。

また、ウェイトトレーニングなど筋肉に刺激を与えるようなトレーニングや運動をした後は、筋肉の合成能力が高まっています。筋力の維持だけでなく、筋力アップを目指している場合は、糖質とともにた

そのまま放置する（グリコーゲン不足の状態のままにする）と体たんぱく質がエネルギーに使われ、筋肉量の低下、疲労などにつながる

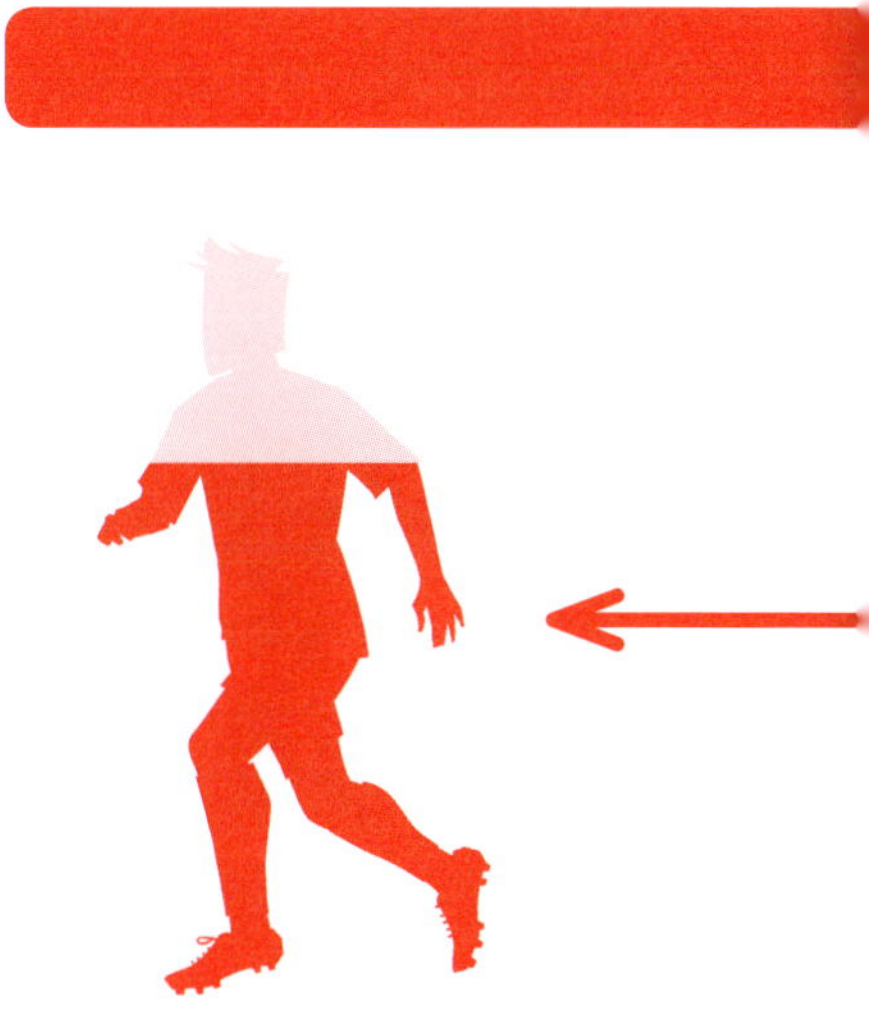

食事（糖質）を摂るとグリコーゲンの貯蔵量が回復する

んぱく質も併せて摂るとよいでしょう。ヨーグルトドリンクや、サンドイッチ、ツナの入ったおにぎりなどを補食にするのがおすすめです。

リカバリーの補食には、エネルギーゼリーや、酸味があり飲みやすいヨーグルトドリンクもおすすめ。

運動後は速やかにおにぎりなどの補食と水分を摂取。

運動中のリカバリーは吸収されやすい食品で

マラソンなど、運動時間が長い場合は、運動中に栄養補給をしてリカバリーを図ることもあります。マラソン選手が競技中に飲んでいるドリンクは、水のほか、エネルギーの補給をするためのスポーツドリンク、高エネルギードリンクやゼリードリンクなど、それぞれの選手に合わせたものが入っています。トライアスロンやロードレースのバイクなどで

長時間の運動でエネルギーを消費し続ける競技は、競技中にゼリードリンクなど消化しやすい食品・スポーツドリンクでリカバリーしながら競技を続ける。

は、レース中の補食を入れた小さなバッグを選手が携帯して（チームスタッフが競技中に渡すこともある）、運動中にエネルギー切れが起こらないようにしています。中身はスポーツドリンク、ゼリードリンク、中にジャムを詰めたロールパンなど、いずれも消化がスムーズで糖質メインのものです。

COLUMN

適切なリカバリーで最後まで走り抜く

たとえばラグビーの試合時間は、前半、後半が各40分。しっかりと食べておけば最後までエネルギーがもつ人もいますが、途中でスタミナ切れしてしまう人もいます。そのため、ハーフタイムでゼリードリンクを摂る選手も見られます。ゼリードリンクは、1個あたりのエネルギーが200㎉のものが多いのですが、一度の補給に200㎉は摂りすぎと言う人もいます。そういう選手は、ハーフタイムでパックの半分だけ摂り、試合が終わったら残りの半分を摂るというように、調整していました。各選手が自分に合ったリカバリーを知っていて、上手にエネルギー切れを防いで最後の最後まで走り抜いていました。

クイズ

Q10 運動中や直後のリカバリーに向いている補食はそれぞれどっち？

A 水 or スポーツドリンク

B エネルギーゼリー or チョコレート

（答え）

Ⓐ **スポーツドリンク**　水は水分補給としては大切ですが、栄養素が含まれていないため、グリコーゲンを消費している運動中や運動後にはスポーツドリンクがリカバリーに向きます。

Ⓑ **エネルギーゼリー**　チョコレートは脂質が多く、消化に時間がかかります。身体が疲労している運動中や運動後は胃腸も疲れているため、消化のよい食品を摂ります。

必要な糖質・たんぱく質摂取量の目安

運動強度・体重で変わる必要な糖質摂取量

疲労回復には速やかな糖質・たんぱく質の摂取が効果的ですが、体重やトレーニングの強度によって必要な摂取量は変わります。アスリートが摂るべき栄養量に規定はありませんが、栄養士が提案する場合、ＩＯＣ（国際オリンピック委員会）の資料やその他の研究データ等を指標にし、個々のアスリートのトレーニング内容に合わせた摂取量を設定することが多いです。

たとえば、下記（糖質摂取量の目安）の計算方法を参考にした場合、体重50kgの選手が「継続時間が中程度で低強度のトレーニング」をしたとすると、7g×50kg＝350gの糖質が一日で必要になり

糖質摂取量の目安

運動内容	目安
運動後すばやく（4時間以内）回復する場合	約1g×体重（kg）／1時間
低強度の運動後（運動継続時間中程度）	5～7g×体重（kg）／1日
中～高強度の持久性運動後	7～12g×体重（kg）／1日
かなりハードな運動（1日の運動時間4～6時間以上）後	10～12gまたは12g以上×体重（kg）／1日

※参考：IOC Consensus Statement on Sports Nutrition 2003

ます。

　これをご飯で計算すると、普通のご飯茶碗1杯（150gとする）に含まれる糖質は約55gなので、この選手は1日にご飯を約6杯食べるべきということになります。丼で計算する場合、1杯（250gとする）に、含まれる糖質は約90gなので、1日約4杯の丼飯を食べる必要があります。

　ちなみに、運動後素早い回復のための1時間あたりの糖質摂取量（体重1kgあたり約1g）は、体重によりますが、だいたいおにぎり1個分くらいです。

運動内容・体重で変わるたんぱく質摂取量

　アスリートのたんぱく質摂取量の目安は一日あたり体重1kgあたり1.3〜1.7gと言われています。

※参考資料／Witard et al.,2019,International Association of Athletics Federations Consensus Statement 2019:Nutrition for Athletics

　糖質やたんぱく質の摂取量の目安には範囲がありますが、アスリート個々人によっての年齢（成長期か成人か）、体質（体重が減りやすい／増えやすい、筋力アップしやすい／しにくい）、トレーニング量、強度、内容（持久性／レジスタンストレーニング）などによって調整します。

　たとえば、体重が50kgの選手が中強度のレジスタンストレーニングをした後は、1.5g×50kg＝75gのたんぱく質が必要と考えます。鶏もも肉の例で言うと100gに含まれるたんぱく質量は16.6gなので、この選手は一日に鶏もも肉を約452g（75÷16.6×100）食べる必要があります。

　このように細かく考えるのは専門家でないと難しいので、**まずはアスリートは通常よりもかなり多くの栄養を摂らなければいけない、という感覚をつかめるとよいでしょう。**

3：2：1の食事で健康的に体脂肪管理

体脂肪率を減らしたい時はまずは食事内容の見直しを

アスリートにとって、体重や体脂肪率はパフォーマンスに直結するため、目標値を厳しく定めている人もいるでしょう。体重や体脂肪率が目標の数値より高い場合、**焦って極端に食事量を減らす人がいますが、これはＮＧです。ここで見直してほしいのは、食事の三大栄養素のバランス。**これには目安があり、炭水化物50～60％、たんぱく質13～20％、脂質20～30％の割合で摂取することが、よい健康状態をキープすると言われています（厚生労働省「日本人の食事摂取基準２０１５年版」より）。このバランスが大幅に崩れていないかを確認できるとよいでしょう。

主食・副菜・主菜の分量を調える

ただ、数値を細かく考えながら食事を摂るのは現実的ではありません。もっと身近で参考になるのが、お弁当箱の中身を主食３：副菜２：主菜１と考える方法です。この割合を食事でイメージすると理想の数値に近いバランスになります。

そのうえで、体脂肪率を減らしたい人は、**普段の食事の中から油脂や脂肪の多い食材・料理（肉の脂身、チーズ、生クリーム、揚げ物、こってりした料理、菓子類など）を減らすと効果的**です。また、食事が物足りなく感じるようであれば、野菜、海藻、きのこをたっぷり使ったメニューにする、鶏肉の皮を外す、揚げ物よりも蒸す、煮る、ゆでるなどの調理法をとり入れるなどがおすすめです。

3：2：1の食事のイメージ

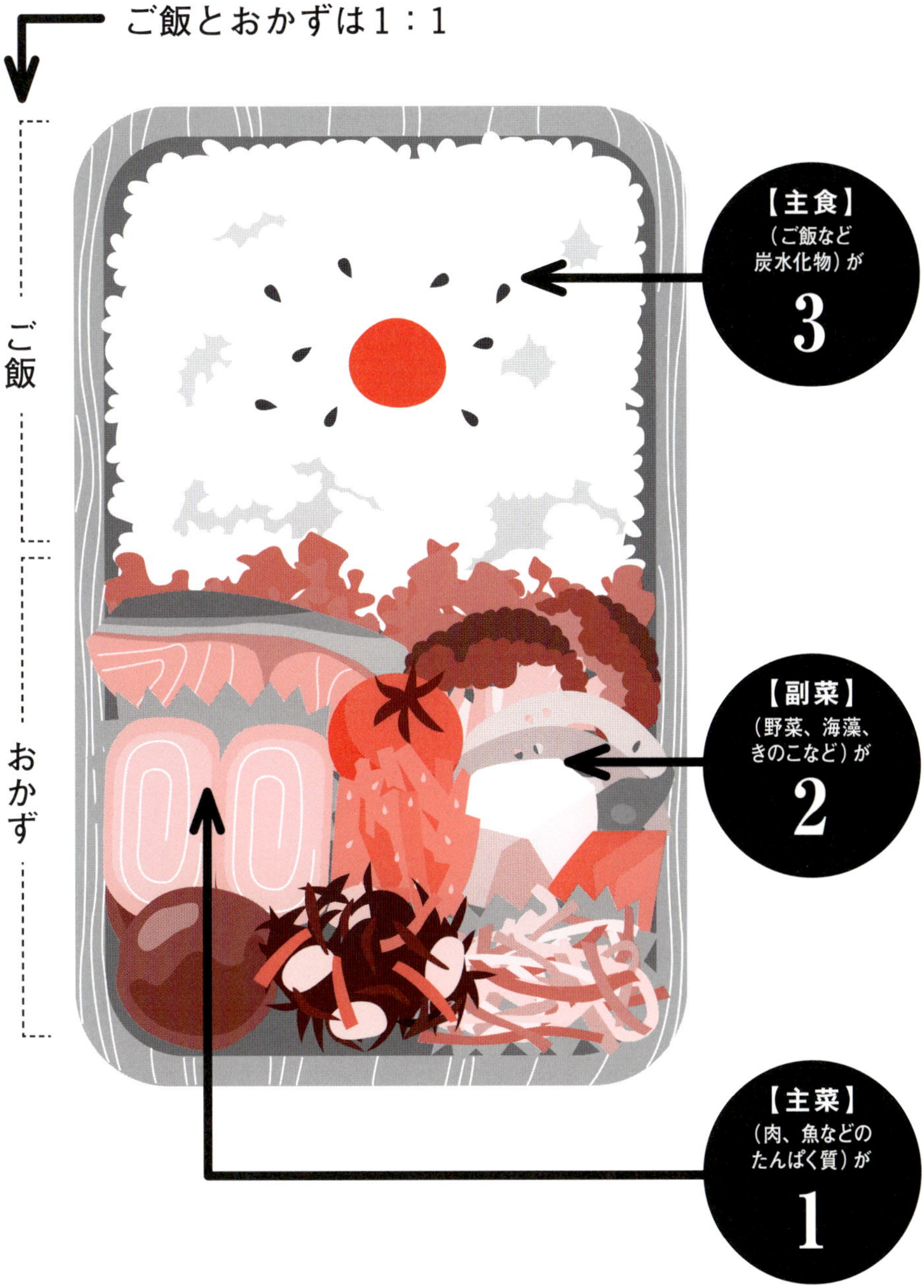

朝食とパフォーマンス

一日の食事の3分の1を占める朝食

定期的に運動しない人に比べて、必要とする栄養量が多いアスリート。しかし、朝食がおろそかになることで、食事のバランスを崩す人がいます。

朝食を抜くと、アスリートにとって大切な栄養補給のタイミングのうちの3分の1に穴をあけてしまうことになり、必然的に栄養不足に陥ります。朝食をしっかり食べている学生ほど学力が高いという調査結果もあるくらいですから、集中力の面から見ても、朝食の大切さがわかりますね。

パフォーマンスを下げる欠食

朝食を抜くと、強い身体づくりができず、筋力アップも望めません。また、疲労がとれないため、練習やトレーニングに集中できず、よいパフォーマンスにつながりません。また、集中力低下によるケガを招いたり、免疫力が下がって、風邪やインフルエンザに感染しやすくなったりもします。

朝食を摂るだけでなく栄養バランスも大切

また、欠食までいかなくても、時間がない、食欲がないからと、朝食を糖質メインの食品（ご飯、トーストなど）だけで済ませる人も少なくありません。しかし、一日のうちの大切な一食ですので、**昼や夜と同様に、さまざまな栄養素を摂るように心がけましょう。**とくにたんぱく質を意識して摂ると体温がスムーズに上昇し、すばやく目が覚めます。身体がシャキッとすれば午前中の運動や活動にも全力で挑むことができるはずです。

おすすめの朝食メニュー例

忙しい朝は、さっと食べられて、糖質とたんぱく質の
両方が摂れるものを用意しましょう。

POINT
丼スタイルで食べやすい

- 納豆かけごはん
- 卵かけごはん
- 卵おじや
- うどん、そば（月見やきつね）

POINT
携帯にも便利

- サンドイッチ（チーズ、ハム、卵など）
- おにぎり（鮭、ツナ、焼肉など）
- 肉まん

POINT
準備が簡単

- シリアル＋ヨーグルト（または牛乳）
- オートミール

POINT
水分も補給できる

- コーンクリームスープ＋ハムトースト
- ミネストローネ＋パン
- チキンヌードルスープ（p.177）
- マカロニ入りスープ
- 春雨スープ

遅い時間の夕食

夕食が遅くなる時は夕方に軽い食事をはさむ

現代は多忙な人が多く、学生も社会人も夕食の時間が遅くなりがち。しかし、夜遅くに多く食べると体脂肪増、消化不良、眠りが浅いなど、いろいろと悪影響が生じます。夕食が遅くなりそうな時は、**あらかじめ夕方に補食を摂り、その分、夕食を軽めにする**ことをおすすめします。そして翌日の朝食をしっかり摂ることで栄養の偏りがなくなり、身体への負担も少なくなります。この食べ方が自分に合っているかどうかを判断するには、以下の項目をチェックしましょう。

ひとつでも気になる項目があった場合、夕食の摂り方が間違っているかもしれません。食事の量や内容を見直してみることをおすすめします。

夕食を適切に摂れている？ チェックシート

ひとつでもチェックがついたら、夕食が身体の負担になっている可能性が。夕食の摂り方を見直してみましょう。

- □ 体重・体脂肪率の急激な増減がある
- □ 理想の数値を維持できていない
- □ 質のよい睡眠がとれていない
- □ 翌朝に疲れが残っている
- □ 胃痛・下痢・便秘など消化器官の不調がある

夕食を分ける方法の一例

夕食が遅い時間になりそうな時は、
下記のように食べると身体への負担を軽くできます。

夕方（運動の前か後）

補食（おにぎりやサンドイッチなど）を摂る。

夕食時

補食を摂った分、夕食の食事量は軽めに（ご飯の量を減らし、おかずを半分残すなど。内容は、さっぱりとした和食が理想）。

翌日

朝食に前の晩の残りのおかずも食べる。この時、ご飯やパンなどの糖質の多い食品もしっかり摂る。

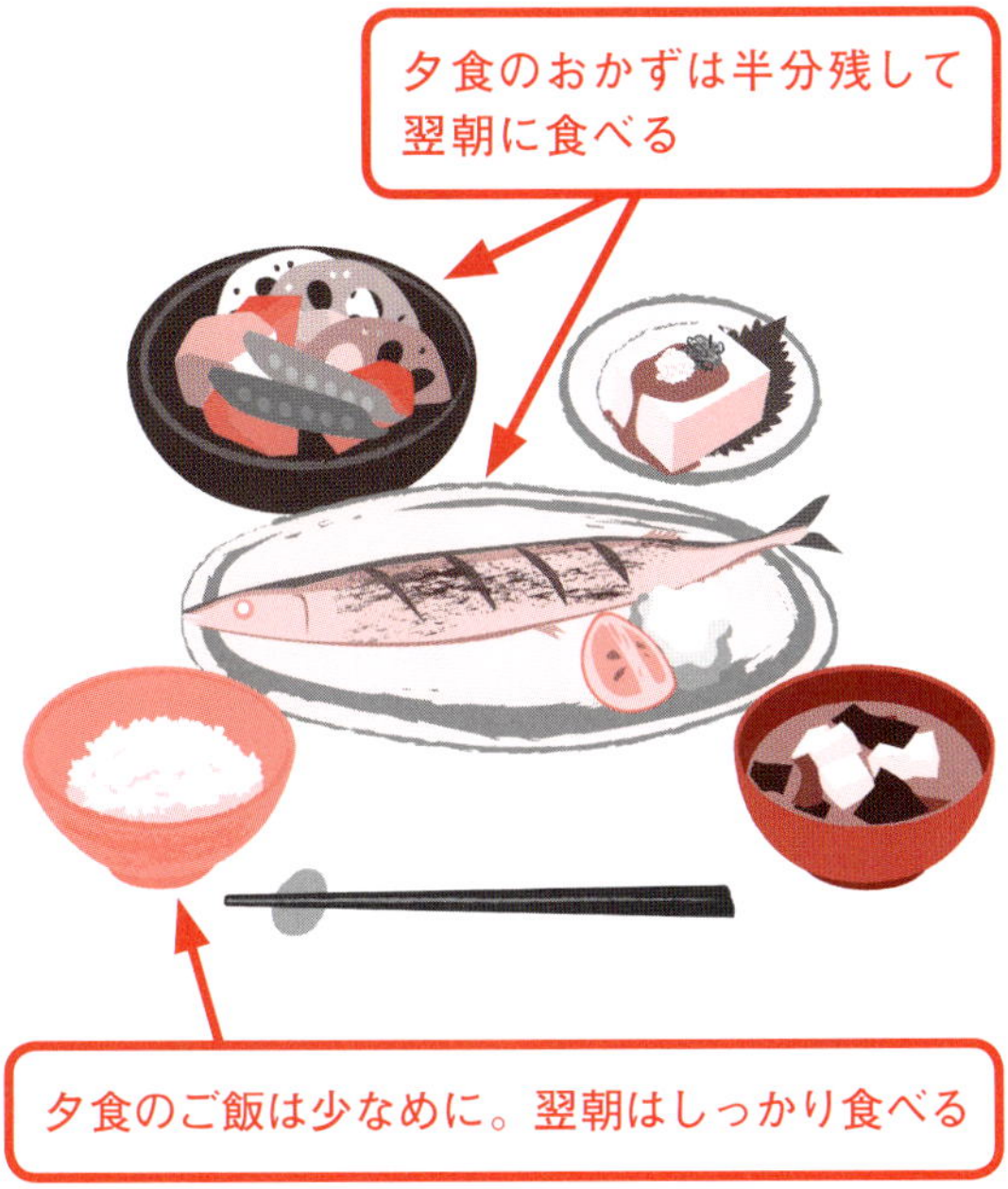
夕食のおかずは半分残して翌朝に食べる
夕食のご飯は少なめに。翌朝はしっかり食べる

食事と同等に重要な睡眠

自分に最適なスタイルで睡眠の質を上げる

アスリートのパフォーマンス向上には睡眠も重要です。**睡眠には、疲労回復、免疫力・筋力・集中力や思考の機能アップ、心の休息、肥満予防などの効果があります。この効果に大きく関わる成長ホルモンは、熟睡中に分泌が活性化する**ので、質のよい睡眠をとりましょう。適切な睡眠時間は成長期の人で8時間以上、成人で8時間前後と言われますが、個人差があります。最適な起床・就寝時間も人によって違うので、自分の生活スタイルの中で最適な時間を見つけましょう。平日、週末、朝練のある日など、スケジュールに合わせた睡眠パターンをつくるのもおすすめ。寝つきや目覚めが悪い、疲れがとれないなどが気になる人は、77ページを参考にしてみてください。

質の良い睡眠を得るためのポイント

これらのポイントを押さえるだけで、睡眠の質がぐんと上がるはずです。

起床・就寝時刻を決めて習慣化する

朝、起床したら日光を浴びると、目覚めがよくなります。

就寝前の食べすぎや激しい運動は控える

どちらも身体に刺激を与え、眠りにくくなったり睡眠の質を下げます。

就寝前の入浴、軽食、読書などの習慣を見直す

よく眠れるための儀式としての習慣はよいですが、入浴はぬるめの湯にする、寝る直前は食べない、本は刺激の少ない内容にするなど工夫をしましょう。

寝室を暗く、静かに、少し涼しくする

寝室の明るさ、音、温度、湿度など、自分がよく眠れる環境に整えましょう。

日中起きている間は布団に近づかないようにする

昼間の眠気が強い時は、仮眠で乗り切りましょう。ただし、1時間よりも少なく、午後3時よりも遅くならないようにしましょう。

休日の「まとめ寝」はしない

睡眠が不足しているからと言って、週末に遅くまで寝ていると睡眠のリズムが狂います。疲れている日は早めに寝るようにしたほうが効果的です。

就寝時に心配事や悩み事は忘れる

よい睡眠のためには眠る前に身体も心もリラックスしていることが大切。心のもやもやは就寝時は忘れましょう。

外食・中食メニューの選び方

パフォーマンスの向上を意識して外食・中食メニューを選ぶ

食事を準備する時間のとりづらい人にとっては、手軽に食事が摂れる外食や中食はありがたい存在。ただ、栄養バランスのことを考えると、外食と中食の頻度はなるべく抑え、家庭料理を選ぶのが賢明。お財布にも優しくなります。どうしても利用回数が多くなる場合は、訪れる先々で**「自分はアスリートで強い身体、よいコンディション、よいパフォーマンスのために栄養バランスを考えて食べる」と意識**しながらメニューを選ぶようにしましょう。たったこれだけのことですが、自然と選ぶ食事が変わってくるはずです。

「5つの料理群」を揃えるようにメニューを選ぶ

外食・中食の場合、好きなものだけを選んだり、主食と主菜だけのバランスの悪いメニューを選びがちですが、アスリートであることを自覚して、**5つの料理群（主食、主菜、副菜、牛乳・乳製品、果物）を一食で揃えるように意識**しましょう。

たとえば、外食する場合、一番おすすめなのは、豚しょうが焼き、焼き魚、肉野菜炒めなどの和食の定食です。その次が中華の定食（レバニラ定食、チンジャオロース定食、回鍋肉定食など）。定食スタイルはいろいろな食材が摂れ、栄養バランスが整えやすくなります。

そのほか、牛丼店では野菜や小鉢のつく牛丼定食を選ぶ、サンドイッチには果汁１００％のオレンジュースや牛乳をつける、パスタは和風やコンソメ仕立てで、具の多いものを選ぶ、というように、できるだけ多くの食材を摂れるようにします。もし足りない要素があれば、後で補うとよいでしょう。たとえば、外での夕食に肉と青菜などの野菜が入ったうどんを食べたとします。この場合、果物と牛乳・乳製品が足りないので、帰宅してからヨーグルトといちごを食べる、といった具合です。

コンビニでも選び方の基本は多品目・低脂質

コンビニで選ぶ時に一番おすすめなのは、おかずや具の多いお弁当（幕の内弁当、中華丼、ビビンバなど）です。単品を組み合わせる場合、おにぎりや巻き寿司、サンドイッチ（具がフライのものは避ける）などを選びましょう。サラダは野菜中心のものにし、マヨネーズで和えてあるポテトサラダなどは脂質が多いので避けます。ごま和えなど、和風のお惣菜はおすすめです。また、栄養成分表示をチェックして、たんぱく質が足りない場合、ゆで卵や焼き鳥、豆腐などを組み合わせましょう。

このように、外食・中食を利用する際は、**「栄養バランスがよい」「栄養価が高い（栄養が多く含まれている）」「高脂質にならない」ものを選択**するのがベスト。ビュッフェ形式のレストランなら好きなものだけでなく、いろいろな料理をまんべんなくいただくのが正解です。

⬆お弁当は和風がおすすめ。フライなどの入っていない脂質の低いものを選びます。

⬆ご飯、肉などのたんぱく源、野菜をまんべんなく摂ると自然と栄養バランスもとれます。

⬆ビュッフェでは好きなものだけをとると栄養が偏りがちで、とくに揚げ物を選ぶと脂質の摂りすぎに。

ジュニアとシニアに必要な栄養の違い

成長する分、成人（シニア）よりも栄養が必要な子ども（ジュニア）

ジュニアアスリートの中でも小学〜中学生前後の子どもは身長が伸び、体重も増え、成長が著しい時期です。日に日に身体が大きくなる分、必要とする栄養も多くなります。下記の図表（成長期と成人に必要な栄養）を見ると、運動をしていない成長期の子どもと成人を比較しても、子どもは成長する分、それ相応の栄養が必要なことがわかります。エネルギーとたんぱく質は成人と同等かそれ以上、ミネラルは成人よりも多く必要です。これがスポーツをしているジュニアアスリートになると、運動する分、さらに多くの栄養が求められます（下記図必要なエネルギー量のイメージ）。**ジュニアアスリートは、**

成長期（ジュニア）と成人（シニア）に必要な栄養

	年齢（歳）	エネルギー（kcal）		たんぱく質推奨量（g）		カルシウム推奨量（mg）		鉄推奨量（mg）	
		男	女	男	女	男	女	男	女
成長期	10〜11	2,250	2,100	50	50	700	750	10.0	14.0
成長期	12〜14	2,600	2,400	60	55	1000	800	11.5	14.0
成長期	15〜17	2,850	2,300	65	55	800	650	9.5	10.5
成人	18〜29	2,650	1,950	60	50	800	650	7.0	10.5
成人	30〜49	2,650	2,000	60	50	650	650	7.5	10.5

「日本人の食事摂取基準2015年版」身体活動レベルⅡのデータより抜粋

人生で一番たくさん食べなくてはいけない時期にいるのです。

子どもの消化吸収能力に合わせて食事を分ける

ジュニアアスリートは、大人と同様かそれ以上に食べなくてはいけないものの、身体はまだ子ども。大人より小さいということは、消化器官もまだ小さく、消化吸収能力も大人ほどではありません。一度にたくさん食べられない場合は、補食を積極的に活用してください。**補食＝小さな食事ととらえ、食事で摂りきれなかった栄養を食事の合間に補うことで、一日に必要な栄養を摂ることができる**のです。

補食はカルシウムを補うのにもおすすめです。牛乳をバナナと混ぜてシェイクにしたり、牛乳プリンにしたり、ヨーグルトを水切りしてはちみつをかけるなどすると、味の変化もあり飽きずに食べられます。グラタンやパンケーキ（牛乳）、サンドイッチ（チーズ）など、料理に乳製品を加えるのもよいでしょう。鉄の補給には、あさりや赤身肉を料理に入

一般成人、子ども、ジュニアアスリートに必要なエネルギー量のイメージ

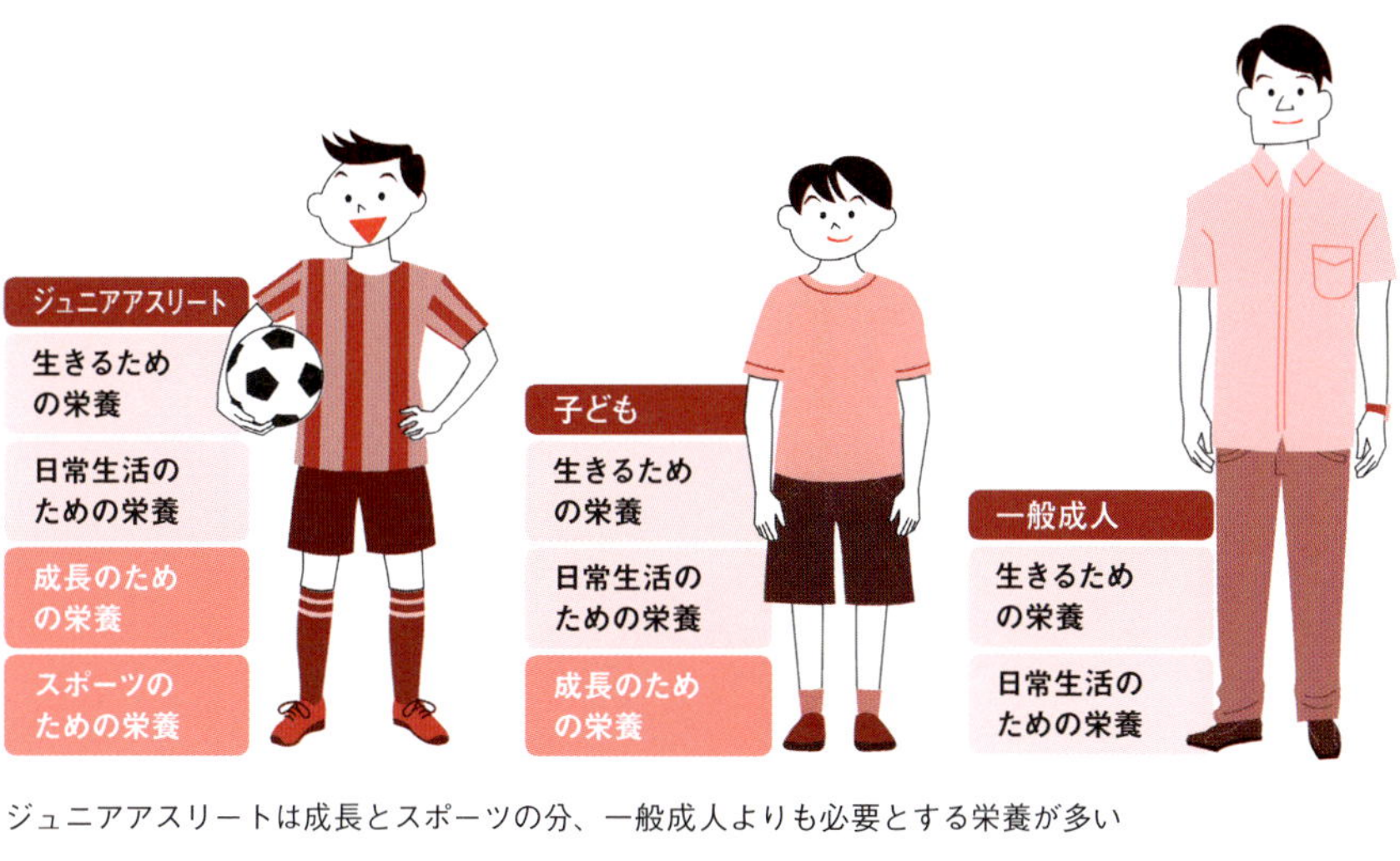

ジュニアアスリートは成長とスポーツの分、一般成人よりも必要とする栄養が多い

れたり、レバーが苦手であればハンバーグなどに混ぜたりすると食べやすくなります。

忙しいジュニアアスリートにも補食がおすすめ

食事が十分に摂れない理由はほかにもあります。最近の子どもたちは塾に習い事と、学校やトレーニング以外にもやることがたくさん。また、少年野球、サッカー、バスケットボール、バレーボールなどは試合の時、一日2試合以上の場合もあり、落ち着いて食事をする時間を確保できないことも。そんなハードスケジュールをこなすジュニアアスリートにも補食をおすすめします。

補食は脂質が少なく栄養素密度の高いものを

補食には手作りのおにぎりなどが理想ですが、コンビニなど外食を利用してもよいでしょう。ただ、商品選びに注意が必要。揚げ物や菓子パンは必要な栄養素が少なく高脂質なことが多いので、**おにぎり、サンドイッチ、牛乳、ヨーグルトドリンク、野菜ジュース、果汁100%ジュースなど、栄養素密度の高い商品を選ぶ**ように。「自分はアスリート」と自覚して賢く選択しましょう。運動の合間や次の食事までに時間があく時に食べるとエネルギー源になり、アクティブに活動できます。

気づかないうちに起きる水分不足に注意

成長期と一口に言っても成長のスピードは人それぞれ。これは発汗量も同じです。**とくに子どもは「のどが渇いた」「疲れた」などの身体の変化に気づきにくく、スポーツに夢中になっているうちに水分補給を忘れてしまうことも**あります。脱水や熱中症にならないように、適切な水分摂取量を大人が管理し、身体の様子や異変もこまめに確認してあげることが大切です。

COLUMN

食べ物の好き嫌いをすると強くなれない？

好き嫌いなくなんでもおいしくいただくのが理想ですが、ある食材に対してアレルギー反応を起こしたり、体調が悪くなるようであれば食べる必要はありません。それ以外のいわゆる「口に合わない」食べ物についても、普段からバランスのよい食事をしていて、苦手なものを食べていなくてもコンディションやパフォーマンスがよいのであれば、とくに無理して食べる必要はないと思います。

ただ、「野菜が嫌い」「魚が苦手」など、嫌いなものが多すぎて栄養バランスが崩れるほどの場合は、意識して克服してほしいです。なぜなら、人は食べるものでできているから。さまざまな食品をいただくことは、栄養のよい働きをいただく絶好のチャンスなのです。

アスリートならば、辛い練習も「強くなるチャンス」ととらえて逃げることなく励むでしょう。食べ物も同じです。私の知っているあるトップアスリートは、「強くなるのなら、なんでも食べる」と、苦手な食べ物も残さず食べていました。彼はトレーニングにも全力で励む人でした。

出されたものは作ってくれた人や食べ物に感謝して、すべて口にするという意識をぜひもってください。人やものを思いやる気持ちは、自分を信じる力や自分を応援してくれる人に対する感謝の気持ちにつながるのです。

女性特有の健康トラブルと食事ケア

女性アスリートに起こりやすい3つの健康トラブル

過酷なトレーニングを積む女子・女性アスリート特有の問題に「女性アスリートの三主徴（Female Triad）」というものがあります。アメリカスポーツ医学会で定義されたもので、次の3つの問題を指します。

【利用可能エネルギー不足】

摂取エネルギーから消費エネルギーを引いた数字がマイナスの状態。激しいトレーニングをしているにもかかわらず、体重を増やしたくないため少量の食事しか摂らないことで起こります。体重が軽いほうが有利になる競技（陸上長距離走など）、見た目の美しさが重要視される審美系競技（新体操、フィギュアスケートなど）の選手によく見られます。

【月経障害】

利用可能エネルギー不足でありながらハードなトレーニングを続けると体重・体脂肪率が減り、ホルモンバランスが崩れることで起こるのが月経障害です。なかでも、3カ月以上月経が停止する続発性無月経に悩むアスリートは少なくありません。

【骨粗しょう症】

一般的には閉経後の女性や老人に見られる症状ですが、無月経により女性ホルモン分泌が停止することで発症することがあります。骨粗しょう症になると疲労骨折しやすくなります。

COLUMN

健康が女性アスリートのよいパフォーマンスをもたらす

女性アスリートや、指導者、家族の中には、「月経＝太る＝競技に影響が出る」といったマイナスのイメージをもっている場合があります。以前、私のところに相談に来た女性アスリートも、初潮は20歳と遅く、20代半ばとなった当時も月経は数ヶ月に1度くる程度。「月経がくると太りやすい」と母子ともに恐れていて、つねに減量をしていました。しかし、なかなか体重は減らず、風邪をひきやすく、不注意による転倒と運動の衝撃による足部のケガを何度も繰り返し、トレーニングに専念するのは難しい状態でした。

月経が正常でないということは、選手の健康が害されているということ。冷静に考えれば理解できることですが、前述の女性アスリートのように、必死になりすぎてスポーツ本来の目的を見失ってしまうことがあります。大好きな競技にのめり込むのは素晴らしいことですが、目先の成績だけにとらわれず、選手の長い人生を考慮したうえで、指導者や保護者もともに選手の健康を管理することが大事です。

気軽にプラスワンの女性におすすめメニューレシピ

女子・女性アスリート特有の三主徴を改善するには、摂取エネルギーを、最終的に一日300〜600㎉増えるように徐々に増やしていき、トレーニングに見合った適切な食事量にします。栄養バランスのよい食事と補食を意識し、本来あるべき〝動ける身体〟を取り戻すことが一番の近道です。

脂質が控えめで女性に不足しがちな栄養を補え、手軽に作れて常備できる副菜を紹介します。栄養バランスが気になっている方はぜひ、毎日の食事にとり入れてみてください。

イソフラボンが摂れる

豆乳きなこドリンク

女性ホルモンに似た働きをすると言われるイソフラボンが摂れるドリンクレシピ。イソフラボンは豆乳、きなこなど大豆製品に含まれていて、骨の健康維持に役立つと考えられています。鉄も豊富なので、激しいトレーニングに励む女性アスリートにぴったり。きなことはちみつの風味で、豆乳が苦手な人でも飲みやすいレシピです。高たんぱく質で、朝食や運動後に飲むのがおすすめ。甘すぎると感じる場合は、はちみつの量を調整してください。

●1食の栄養
エネルギー／184㎉
炭水化物／16.4g
たんぱく質／9.8g
脂質／9.5g
鉄／3.0㎎

材料(1人分)

調整豆乳 …………………………… 200㎖
きなこ……………………………大さじ1(9g)
はちみつ…………………………小さじ1弱(5g)

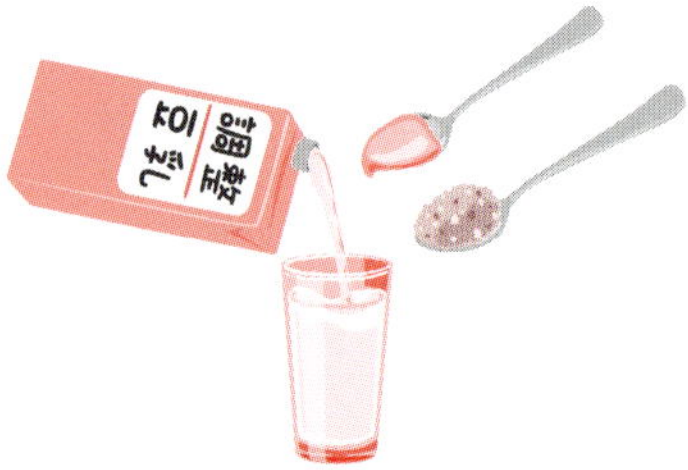

作り方

❶すべての材料をグラスに入れて混ぜ合わせる(時間が経つと、きなことはちみつが沈むので、手早く混ぜてからすぐに飲む)。

貧血対策に!

簡単レバーペースト

●1食の栄養
カロリー／145kcal
炭水化物／4.5g
たんぱく質／21.8g
脂質／3.8g
鉄／9.2mg

貧血対策に有効な鉄とたんぱく質を豊富に含むレバーのペーストです。脂質が低い点も、アスリートにおすすめ。レバーの下処理をせずに、電子レンジで手軽においしく作れるレシピです。パンやクラッカーにのせて食べたり、スパゲッティに和えるのもおすすめです。そのまま食べると味が濃く感じるので、その場合はめんつゆやしょうゆの量を調整してください。冷蔵庫で2～3日保存できるので、毎日の食事で少しずつ食べるとよいでしょう。

材料(2人分)

鶏レバー……200g
おろしにんにく……1片分(5g)
めんつゆ(3倍濃縮)……大さじ1と1/2(27g)
カッテージチーズ……大さじ2(30g)
しょうゆ……小さじ1/2(3g)
粗びき黒こしょう……少々

作り方

1. レバーを水洗いし、水分をペーパータオルなどで取る(気になるようであれば脂肪、スジ、血の塊などを取り除く)。
2. 耐熱容器にレバー、おろしにんにく、めんつゆを入れ、軽く混ぜる。ふんわりとラップをかけ、電子レンジ(500W)で2分30秒加熱する。
3. 容器からレバーを取り出し、刻んで容器に戻し、カッテージチーズとしょうゆを混ぜる(フードプロセッサーがある場合、レバー、容器の汁、チーズ、しょうゆを合わせてかけてなめらかにする)。
4. 器に盛り、こしょうをふりかける。

シーズンごとの食事①

プレシーズン

アスリートの活動は、大まかに1年単位で考えます。その中でも鍛錬期（プレシーズン）、試合期（インシーズン）、オフ期（オフシーズン）の三つに分けられ、シーズンごとにトレーニング量や内容が異なってくるため、それに合わせて栄養も調整を行う必要があります。それぞれのシーズンに適した食事内容を見ていきましょう。

鍛錬期（プレシーズン）は練習内容に合わせて食事を増やす

プレシーズンは練習量が多くなります。競技や種目によってトレーニング内容は変わりますが、**ランニングなど有酸素系トレーニングが増えた場合は糖質の摂取量を増やしましょう。**逆に、**筋力アップを狙った無酸素系トレーニングを重視する場合はた**

トレーニングは有酸素系（ランニング等）を増やした場合は糖質摂取量も増やし、無酸素系（筋力トレーニング等）を増やした場合はたんぱく質摂取量を増やす。

んぱく質の摂取を増やすように。また、これらの食事内容に応じて、糖質の代謝をサポートするビタミンB群を増やしたり、身体の材料となるカルシウム、鉄を意識するなど、微量栄養素も積極的に摂りましょう。

体重・体脂肪率の測定でトレーニングの成果を把握

トレーニングに合わせて食事の量・内容を調整しても、はたして今の自分に合っているか不安になることも。そんな時は**こまめに体重・体脂肪率を測定して、現状を把握**しましょう。測定値からは、次のようなことが判断できます。

（例1）体重が増えて、体脂肪率が変わらない
→筋力アップの成果が出た可能性が高い
（例2）体重も体脂肪率も増えた
→食事量とトレーニング量が釣り合っていない（食事量が多すぎる）、もしくは脂質の多い食事の摂りすぎ

運動後の速やかな栄養補給でコンディションキープ

プレシーズンは、日々の過酷なトレーニングによる疲労をいかにスムーズに回復させるかが、よいコンディションを保つうえで大切になってきます。そのためには**運動後、速やかに栄養補給を行い、トレーニングに見合った食事量を一日で確保**することが重要です。

また、極度の疲労で食欲不振になった場合でも食べられる工夫や、食事以外の心身のリフレッシュ方

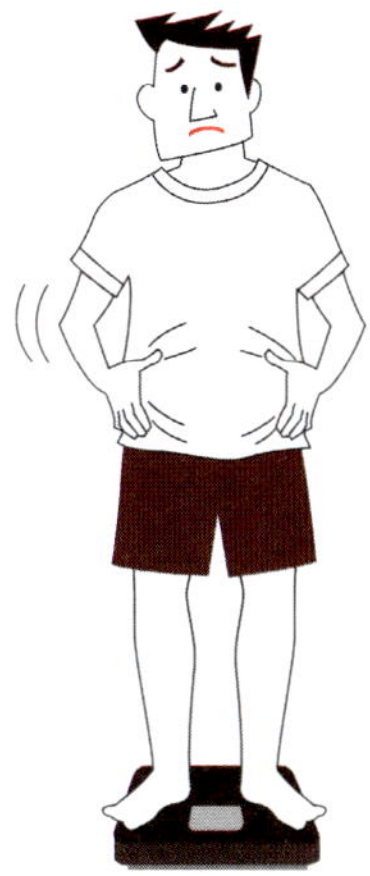

トレーニングを増やしたにもかかわらず体重、体脂肪率の両方が増えた場合、食事量が多すぎるか、脂質が多すぎるのが原因と考えられる。

法など、自分なりのコンディションをキープする手段も身につけておくと、不調になった時に役立つでしょう。

合宿などの集団生活では自己管理がより大切に

プレシーズンが春夏の場合、暑熱環境における水分補給の摂取も考慮すべきです。また、シーズン中に強化合宿を行う場合もあるでしょう。

合宿中は一年間のなかで練習量がもっとも多くなります。加えて集団生活に慣れていなければ、チームメイトと過ごす時間がストレスになる場合もあります。このような**厳しい環境でもすばやく疲労回復できるよう、しっかり食べてしっかり寝て、自分のメンテナンスを重要視すること**がとても大切になります。そして体重測定をしましょう。毎朝体重を量り、翌日の朝に体重が戻っていれば、しっかり疲労が回復した証拠です。

COLUMN

身体と心のコンディショニングのための栄養

アスリートをサポートする立場で考えると、試合の勝敗はもちろんですが、何よりも彼らがベストの状態で試合に臨め、パフォーマンスを発揮できることを目標としています。そのためには、やはり普段の積み重ねが大切。風邪をひかない、筋肉を維持させる、疲れを回復させるなどに気を配り、トレーニング時からよい状態であれば、試合によいコンディションで臨めます。それがトレーニング効果を高めるための栄養と考えています。

加えて、身体だけでなく心も最高の状態にしていることも大切です。心がよい状態であれば、トレーニングが辛くても楽しく取り組めたり、競技への愛を感じられたり、うまくいかなくても次の日に頑張ればいいと前向きに考えられます。心の状態をよくする直接の栄養はないのですが、身体の調子がいいと精神的に上向きになります。身体と心はつながっている。そうした、身体、心の調子を整える栄養の考えが理想だと考えています。

プレシーズンの献立例（夕食メニュー）

【こんなアスリートの場合】
・野球部男子高校生
・トレーニング後に自宅で食事

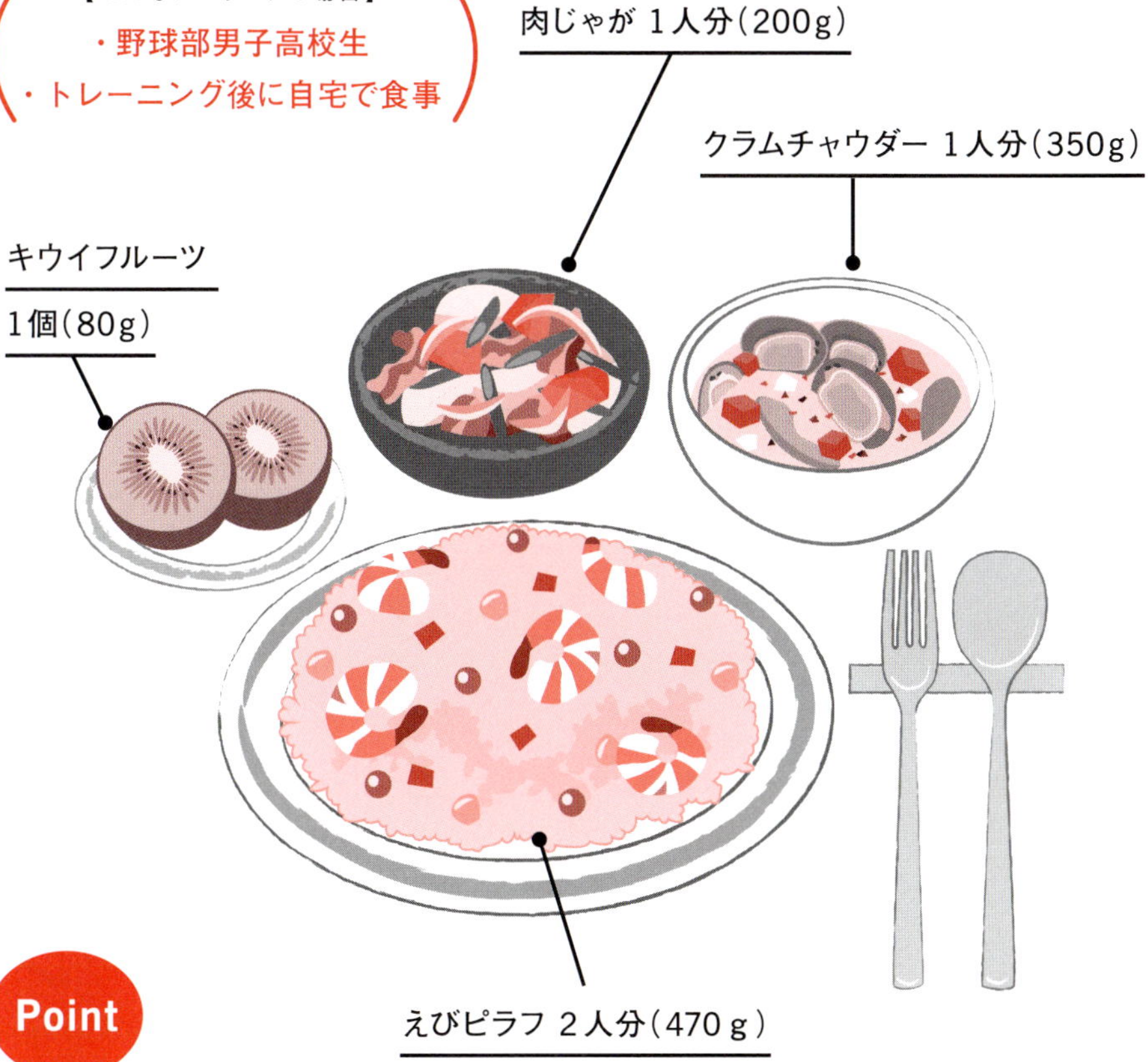

Point

●プレシーズンの多いトレーニング量に見合った食事量です。
●疲労が激しく食欲が落ちていても、ピラフならいろいろな食材を使いバランスよく栄養を摂取できます。ご飯は糖質、えびはたんぱく質、野菜（にんじん）はビタミンAを多く含みます。
●身体が疲れている時は消化器官への負担が軽い食事を。肉じゃがはあっさりしていて消化も早いメニューです。
●クラムチャウダーのあさりには鉄、牛乳にはカルシウムが多く含まれます。多く汗をかいた後の水分やミネラルの確保にも汁物やスープは最適です。

献立例1食分の栄養

エネルギー	1115㎉
炭水化物	167.5g
たんぱく質	45.5g
脂質	27.0g
カルシウム	322mg
鉄	6.1mg
レチノール当量	754μg
ビタミンB_1	0.44mg
ビタミンB_2	0.64mg
ビタミンC	119mg

シーズンごとの食事②
インシーズン

いつもと変わらない食事で
試合までのコンディションをキープ

試合が行われるインシーズン。いずれの競技も、大切な試合に向けて戦略を立てるのと同様、**食事も試合を意識して戦略を立てましょう**。

インシーズンの食事では、試合当日に向けて、よい体調や状態をキープすることが重要になります。本番前になると、景気づけに高級な肉を食べに行ったり、高価な栄養ドリンクを飲んだり、いつもと違う行動に出ることがあります。ですが、この時期は心身ともに緊張状態で体調を崩しがち。そのため、余計な刺激を避けるため、**インシーズンこそ普段と変わらない食事をすることが大切**です。内容としては、さっぱりとした和食の家庭料理がおすすめです。

試合前は鍋焼きうどんなどの炭水化物がしっかり摂れる食事がおすすめ。焼き肉は脂質が多く、胃腸への負担も大きいので試合前は避けて。

インシーズンは栄養バランスと消化のよい食事を心がける

この時期はよいコンディションをキープするように、ビタミン、ミネラルもしっかり確保できるよう意識しましょう。野菜はサラダなど生野菜でもよいですが、ゆで野菜にしたり、スープなどに入ってたりすると、より食べやすくなります。こってりとした食べ物は消化吸収に時間がかかり、緊張しているこの時期は胃腸に負担をかけるかもしれません。とくに試合が近くなってきたら、とんかつやステーキなどよりも、鍋焼きうどんなど栄養バランスがよく消化のよい食事にしましょう。

当日は試合までの時間によって食事の内容を調整

試合当日は消化時間を考慮して食事を摂るようにしましょう。本番でもっとも動きやすいのは、胃を食べ物が通過し終えた状態です。消化時間は個人差

試合当日の食事スケジュールのイメージ

【試合までの時間】		【食事内容】
4～3時間前	通常の食事	主食（ご飯やパン、麺）／主菜（肉や魚、卵、大豆製品）／副菜（野菜の煮物や温野菜サラダ）／果物（グレープフルーツやキウイフルーツ）／乳製品（牛乳、ヨーグルト）
↓ 2時間前	糖質豊富な補食	例）おにぎり、もち、カステラ、パスタ、うどん、あんパン、ロールパン、果物
↓ 1時間前	消化しやすいジュースや果物	例）100％果汁ジュース、熟したバナナ、ゼリー状のサプリメント
↓ 30分前	消化時間の短い食品	例）キャンディ、糖質を含んだスポーツドリンク

がありますが、おおよその時間を考えた場合、前ページの表のような食べ方がおすすめです。いきなり本番で試すのではなく、**事前に本番を想定して試合当日の食事を試し、自分にとってのベストな「試合食」を見つけておく**とよいでしょう。また、食事だけでなく水分も意識すること。脱水は疲労を招き、パフォーマンスを低下させます。一日を通して水分補給も忘れないように気をつけましょう。

試合後は補食で速やかに栄養補給を

試合直後はスムーズなリカバリーを意識しましょう。剣道や柔道などでは一回の試合時間は短くても決勝までトーナメント形式で何回も試合をすることがあります。どの試合も最高のパフォーマンスを発揮できるように、いかに効率よく疲労から回復させるかがカギになってきます。

そのためには、まず試合直後に速やかに栄養補給をすること。**次の食事まで時間が空くようであれば、スポーツドリンクやゼリードリンク、果汁100％ジュース、ロールパン、おにぎりなど、糖質の多い補食で栄養を補います。**量は食事ほど多くなく、体重50kgの人であればロールパン3個もしくはおにぎり1個程度でOKです。さらに、すべてのスケジュール（試合）を終え、**帰路につく前にも、補食を口にしておく**と翌日に疲れを持ち越さずにすみます。

試合後は糖質を補給し、リカバリーをスムーズにしましょう。

インシーズンの献立例（昼食メニュー）

【こんなアスリートの場合】
・女子大学生
・陸上競技長距離走種目
・大会を数日後に控え
グリコーゲンローディング中

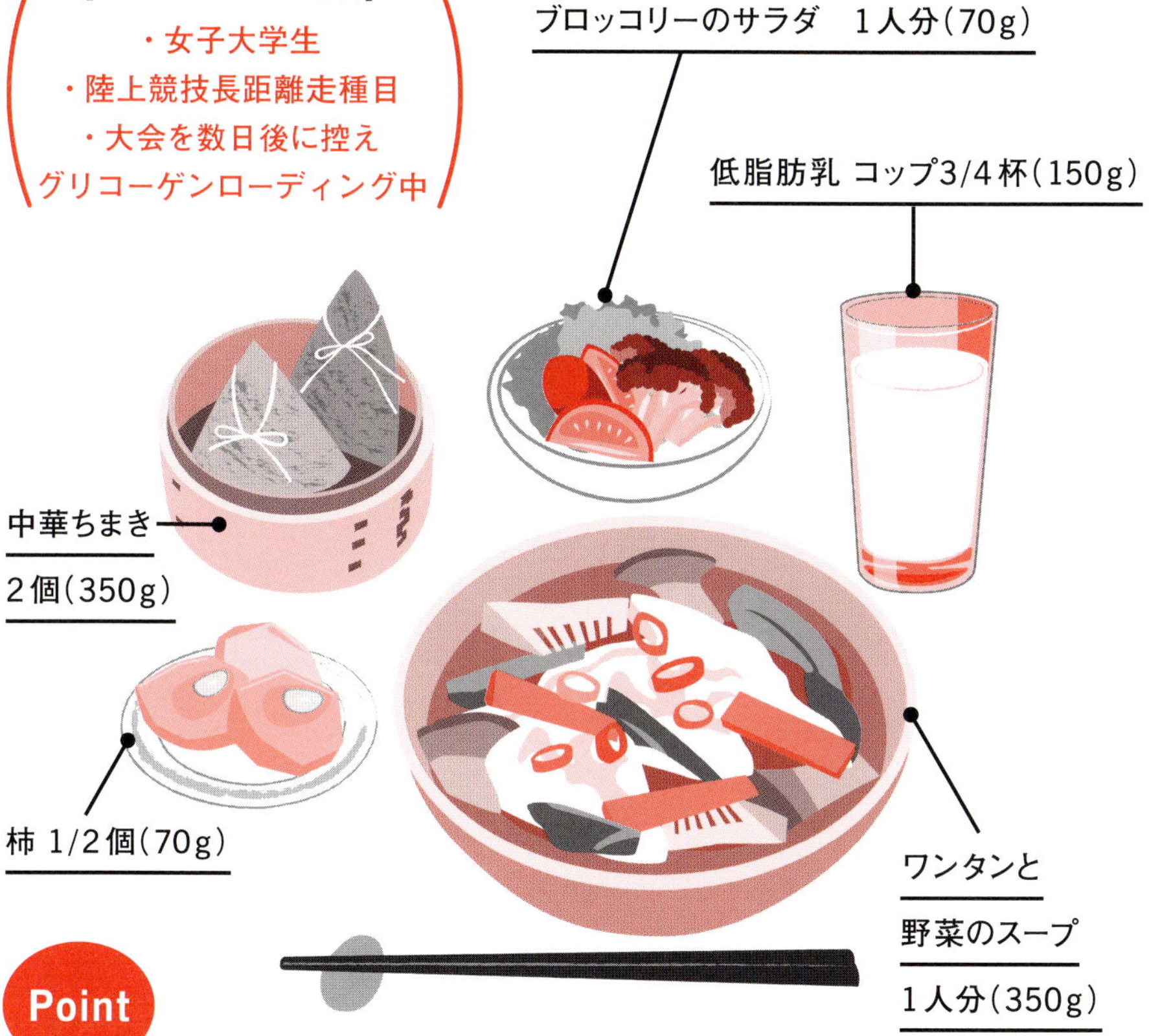

Point

●高糖質、低脂質の、グリコーゲンローディングに見合った食事です。乳製品は低脂肪乳にし、脂質を抑えています。

●中華ちまき（米）とワンタン（皮の小麦粉）には糖質が多く含まれます。白ご飯でもよいですが、グリコーゲンローディング中に白ご飯をたくさん食べるのが飽きてしまうことがあるので、中華ちまきなど味のバリエーションをとり入れるとよいでしょう。

●柿はビタミンCが豊富な果物。試合前に免疫力が低下するのを防いでくれます。柑橘類やいちご、キウイフルーツなどもビタミンCが豊富です。

献立例1食分の栄養

エネルギー	832kcal
炭水化物	136.4g
たんぱく質	27.9g
脂質	19.6g
カルシウム	319mg
鉄	2.8mg
レチノール当量	235μg
ビタミンB_1	0.49mg
ビタミンB_2	0.59mg
ビタミンC	102mg

試合前の「グリコーゲンローディング」

エネルギー源をため込むグリコーゲンローディング

アスリートの食事法に「グリコーゲンローディング」というものがあります。グリコーゲンは肝臓や筋肉に蓄えられるエネルギー源のこと。ローディングは英語で「積む、貯蔵する」という意味。試合中にグリコーゲンが枯渇すると、身体が思うように動かなかったり、途中でスタミナが切れてしまいます。それを防ぐために、本番までにエネルギー源であるグリコーゲンを身体にため込む高糖質の食事法をグリコーゲンローディングと言います。

競技によって試合の1~3日前から開始

グリコーゲンローディングの方法は、試合の3日前から食事で糖質を多く含む食品（ご飯、パン、麺類、

試合前のグリコーゲンローディングのイメージ

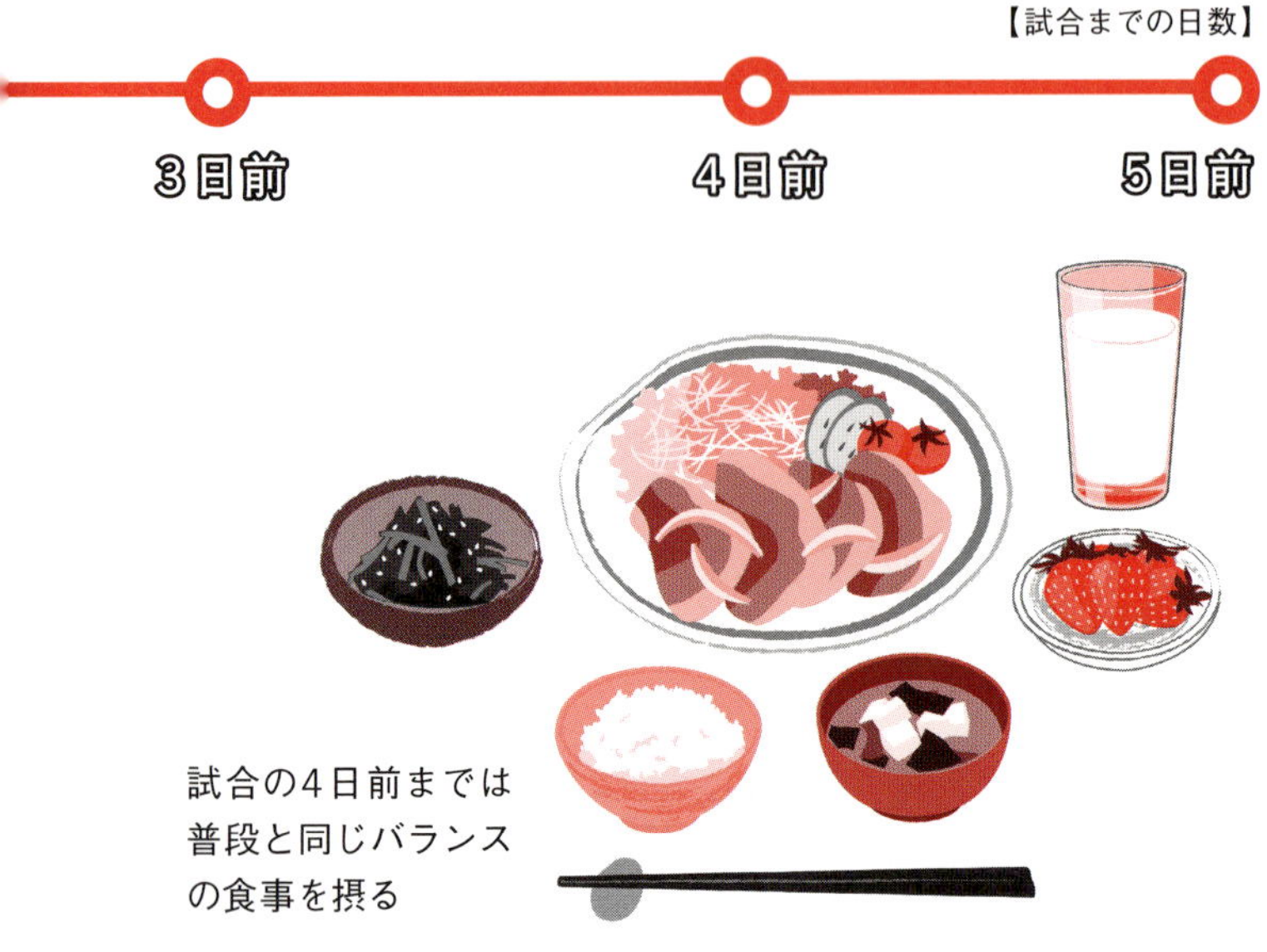

試合の4日前までは普段と同じバランスの食事を摂る

いも類、果物など）の割合を食事全体の60～70％に増やします。おかずの量はやや控えめに。野菜や乳製品は体調と相談して摂ります。

　このような高糖質食は、2時間以上にわたり持続的に行われるような競技（マラソンや競歩など）に有効。その他の競技の場合は、競技特性や試合時間に合わせて、高糖質食にするか検討しましょう。行う場合は試合2日前や前日からで十分でしょう。ただし、いきなり試合前にグリコーゲンローディングを行うと、慣れない食事法が負担に感じるかもしれません。**事前に何度かシミュレーションを行ったうえで、この食事法をとり入れる**ようにしましょう。

　高糖質の献立例としては、白ご飯にギョウザや肉じゃがなどのおかず。たんぱく質も摂取しつつ、ギョウザの皮やじゃがいもで糖質を増やします。汁物の具にもそうめんを入れるなどすると、さらに糖質を増やせます。そのほかに、和風パスタとフランスパン、鍋焼きうどんと炊き込みご飯、とろろそばと親子丼などがメニューとしておすすめです。

試合当日
1日前
2日前
主食を増やした分、主菜を減らす
主食（ご飯）を増やして全体の6～7割にする
乳製品は体調と相談して摂れれば摂る

シーズンごとの食事③ オフシーズン

栄養バランスを崩さないように過ごす

オフシーズンは、試合のシーズン（インシーズン）終了後から、鍛錬期（プレシーズン）が始まるまでの期間のことです。

引退でない限り、アスリートにとってオフ期は完全なオフではなく、来期に向けたリフレッシュするための時期ととらえます。心身ともにリフレッシュしてもよいですが、オフだからといって食事も自由に食べてよいわけではなく、暴飲暴食をしてハメを外すのは考えものです。アスリートの食事の大前提として、全シーズンを通して栄養バランスのよい食事を摂ることを心がけましょう。オフ期の過ごし方のポイントは3つです。

体重の変動が少ないように

オフシーズンに体重が大幅に増減すると、オフ明けのスタートを遅らせます。たとえオフであっても、**体重と体脂肪率は定期的に測定し、大幅な変動は避けましょう**。ただし、オフシーズン中に意図的に増量・減量を図るケースもあります。そのような場合は、トレーニングや栄養の専門家に相談しながら進めましょう。

規則正しい生活で体調を整える

オフシーズンは気の緩みから生活が不規則になりがちで、不規則な生活は体調不良を招きやすくなります。また、オフが冬に重なるアスリートも多く、風邪やインフルエンザにかかる選手も少なくありません。免疫力をキープし、日々のよい体調をキープする秘訣は、規則正しい生活とバランスのとれた三度の食事。とくに、おろそかになりがちな朝食を摂ることが大切です。うがいや手洗いも徹底して、衛生面にも気を配りましょう。

運動量に見合った食事量で体調と体重をキープ

オフシーズンに自主トレをすることがあるかもしれませんが、オンシーズンよりも運動量が少ないことが多くなります。「運動している」からと言って、オンシーズンと変わらない食事量でいると体重や体脂肪の増加につながるので注意が必要です。

逆に、運動しないことを理由にむやみに食事量を減らしすぎるのも栄養不足となり、体調を崩すことにつながります。**栄養バランスのよい食事内容はできるだけ変えずに、量を調整し、オンシーズンに絶好の状態で戻れるように身体を整えておく**ことが大切です。

運動量の少なくなるオフ期は、シーズン中と同様の食事量だと肥満を招く。体脂肪率測定も続けて、コンディションキープに努めて。

オフシーズンに自分の食事や身体と向き合う

食事のバランスの見直しや、体重の増減を試してみるなど、シーズン中は変化させづらいことに取り組むアスリートも多くいます。

年齢によってパフォーマンスの発揮の仕方が変わる選手もあり、それに合わせて自分にとって最適な食事のバランスも変わってきます。自分の食生活、身体と向き合う期間としても大切に過ごしたいシーズンです。

オフにしかできない気分転換も積極的にとり入れる

オフシーズン中は完全に競技から離れることもリフレッシュ法のひとつ。旅行や読書、競技以外の人と交流するなど、普段なかなかできないことにトライすることで、改めて競技やトレーニング法、食事法、ひいては自分自身を見直すチャンスになるかもしれません。

普段は出かけられない場所に行ったり、読書をしたり、オフ期ならではの過ごし方をとり入れるのもリフレッシュに。

オフシーズンの献立例（朝食メニュー）

【こんなアスリートの場合】

・男子高校生（3年生）　・引退後のサッカー部員
・卒業後もサッカーを続ける予定で、自主トレ（軽めのランニングと週2回ほどの筋力トレーニング）を行っている
・運動をしないと体重が落ちやすいタイプの選手
・風邪とインフルエンザがはやりやすい季節（2、3月）を想定

Point

●朝に食欲がなくてもホットドッグなら食べやすく、主食と主菜を一度に摂ることができます。
●自主トレを行っているものの、プレシーズンやオンシーズンよりも運動量が少なくなるため、体脂肪が増えないように、高脂質になりすぎない食事を心がけます。
●風邪やインフルエンザが流行する季節、さらに環境の変化によるストレスもかかる時期に、免疫力が低下しないように、たんぱく質（ホットドッグのウインナー）、ビタミンA（野菜スープの野菜）、ビタミンC（いちご）をしっかり確保します。

献立例1食分の栄養

エネルギー	685kcal
炭水化物	93.1g
たんぱく質	25.0g
脂質	24.2g
カルシウム	256mg
鉄	2.5mg
レチノール当量	288μg
ビタミンB1	0.39mg
ビタミンB2	0.40mg
ビタミンC	81mg

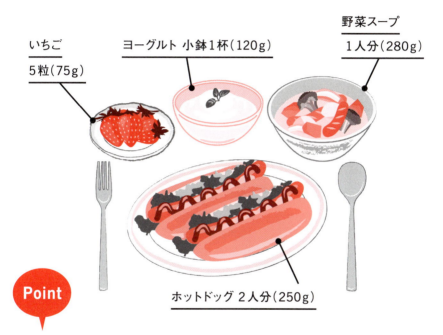

環境が変わった時の食事

可能であれば宿泊先の食事を事前に確認

遠征や合宿などで環境が変わると、普段と同じような食事を摂るのが難しくなることも。そのような場合の対処法を覚えておくことも、よいコンディションをキープするうえで重要です。

国内の場合、可能ならば、栄養バランスの整った食事が摂れる宿泊先を事前に選びましょう。融通のきく宿泊先の場合は、出していただく食事のメニューリストを事前に送ってもらい、内容を確認したうえで脂質が多すぎるメニューをさっぱりとしたメニューに変えてもらったり、栄養価の高い食品をとり入れてもらうのも手。宿泊先で提供される食事の栄養バランスが希望するレベルではなかったり、現地で頼りになる飲食店が少ない場合は、下記にあ

国内遠征や合宿時にあると便利な食品

（現地で食事提供がある場合）

ご飯がすすむもの

例）海苔、梅干し、ふりかけ、つけもの、佃煮（あさりや昆布など）、キムチ

食事以外での栄養補給食品（十分な食事ができない場合）

例）プロテインパウダー、マルチビタミン、マルチミネラルなどのサプリメント

差し入れをリクエストできる場合

食べるのに手間のかからない果物（いちご、みかんなど）、消費量の多いスポーツドリンクなどをお願いしましょう。

早朝トレーニング前や、試合前後の栄養補給に適したもの

例）オレンジやりんご100％ジュース（200～300㎖パック）、ゼリードリンク（高糖質のもの）、長期保存可能のパン、バランス栄養食（高糖質、低脂質のもの）、バナナ

るような食材やサプリメントを持参するのもひとつの方法です。

海外ではできるだけ食べ慣れた食品を選ぶ

海外の場合、現地での飲食に気を配りましょう。基本的には食べ慣れたものを食べるのがベスト。和食レストランがあれば積極的に利用してください。日本から持ち込む食材（下記参照）も、不慣れな環境では重宝します。

国ごとに異なる文化や規則にならう

宗教上、豚や牛、アルコールが禁止されている国もあります。これも勉強だととらえ、現地の食文化を尊重してください。また、常用している薬を持参することもあると思います。薬は、ドーピングに対して安全なものをつねに使用することが前提ですが、持参する際は、あらためて禁止物質が入っていないか確認することを忘れずに。

（自炊の場合）

レトルト食品

丼の具、カレー、スープ、パスタソースなど。レトルトは種類が豊富でおいしいものが多い。できるだけ野菜たっぷりのものを選ぶ。

主食

レトルトごはんやおかゆ、切りもち、乾麺など。電子レンジや、湯と鍋が必要。もちはパスタソースと絡めたり、スープやシチュー、カレーに入れたりできて便利。パスタは早ゆでタイプを選ぶと時間短縮に。

その他

インスタントスープ（湯で作る粉やフリーズドライのスープ、みそ汁など）、調味料、バランス栄養食（1食150㎉以上、高糖質、低脂質のもの）、非常食（缶入りのパンや湯で戻すごはん等）なども便利。

缶詰

いわし、さばなどの魚、焼き鳥、おでんなどがたんぱく質が豊富でおすすめ。そのまま食べられて便利。

COLUMN

食べ慣れているもの？ その土地の食事？

ある競技の日本国内での合宿に参加していた際、韓国から来た選手に食事を見せてもらったところ、ご飯や生野菜、肉料理を、自国から持ち込んだキムチと一緒にモリモリ食べていました。その競技は韓国チームが高いパフォーマンスを発揮していたのですが、韓国選手の強さの秘訣は、キムチにあったのでしょう。いつも食べているキムチの力で、普段の食事と同じようにしっかり栄養補給ができていたわけです。あの光景を見た時、口にするもののパフォーマンスに与える影響力を実感しました。

ただ一方で、食に対して「郷に入れば郷に従え」という考え方もあります。海外遠征などでは、現地の食事に慣れ親しむことも遠征の目的のひとつと考える指導者もいます。いずれにせよ、よいコンディションを維持するための食事法を、自らの体験を通して見出すことが重要になってきます。

海外でのミネラルウォーターはミネラルの少ない軟水を選ぶ

海外に行くと、食事だけでなく飲み水に悩むこともよくあります。カルシウムやマグネシウムなどのミネラルを多く含む水を硬水《こうすい》、少ない水を軟水《なんすい》と言います。日本で売られているミネラルウォーターは軟水であることが多いのですが、ヨーロッパなどでは硬水が一般的です。軟水に慣れている日本人が硬水を飲むと、下痢をする場合があります。そのため、海外のスーパーなどでミネラルウォーターを購入する際は、ミネラル分が少ない軟水を選ぶとよいでしょう。

硬水と軟水を見分けるには、ラベルに書かれている栄養成分表の硬度（mineral）をチェックしましょう。硬度120㎎／ℓ以上が硬水、それ以下が軟水に分類されます。つまり硬度120㎎／ℓ以下のミネラルウォーターを選べば問題ありません。

衛生面に気を遣う

日本は世界有数の衛生国。国や地域によっては屋台での食事、生野菜や果物、氷入りの飲み物は口にしないほうがいい場合があります。とくに水道水は日本ではほぼ飲めますが、ほとんどの国が衛生上飲むことができません。また、国によっては、うがいや歯磨きに利用するだけでも日本人は下痢をしてしまいます。事前に渡航先の衛生状況や、水道水の利用可否などについて調べておきましょう。

海外では水道水を飲むのは避ける。

飛行機に乗る時もコンディションキープを心がけて

渡航する際、まず注意すべきは飛行機での過ごし方です。とくに身体が大きいアスリートは狭い座席に長時間座り続けるのは身体に負担を感じるでしょう。エコノミー症候群にならないためにも、**できる範囲で身体をこまめに動かし、水分摂取を心がけましょう。**

冷えや乾燥対策のために長袖の衣類やマスクを着用するのもおすすめです。窓際の席は通路側より寒いことが多いため、窓際にスタッフが座り、その他の席にアスリートが座るなど、移動時からコンディション管理を徹底しているチームもあるほどです。

機内での楽しみのひとつが機内食。つい完食してしまいがちですが、とくに体重を意識しているアスリートは食べすぎに注意が必要です。肉料理よりも魚料理を選んだり、主食を半分にしたり、デザートを残したりするなどの工夫をしましょう。

時差対策

時差ボケ防止のために、飛行機に乗った時から、現地の生活時間に合わせて行動することがすすめられています。そのため、機内でも睡眠がとれるようにアイマスクや耳栓、イヤホン、ヘッドホンなどを利用するのも一案です。現地に着いたら、日中は紫外線を適度に浴びると時差ボケが解消されやすいと言われています。

現地の季節、気温、湿度を調べてウェアを準備

体調を管理するうえで、渡航先の季節や気温、湿度を事前に確認し、適切なウェアを用意する必要があります。また暑熱環境に赴く際は、現地到着後、まずは午前中だけ軽いランニングをするなど、徐々に身体を暑さに慣れさせていきましょう。暑熱順化（暑さに身体が順応すること）すると、暑熱環境での体温上昇や心拍数増加などのストレスを軽減し、暑さへの抵抗力が高くなります。

逆に、寒冷環境では寒さのせいで水分補給を忘れがちに。とくに空気が乾燥している環境では呼気からも水分が失われるので、意識して水分を摂るようにしましょう。標高が高い地域では、高山病の症状に注意して。高度に徐々に身体を慣らす、水分補給を意識するなど、コンディション管理を徹底しましょう。

マナーを守り共同生活を気持ちよく過ごす

遠征先や合宿先では、食事の場はもちろん、それ以外の場でもアスリートの礼儀やマナーが問われます（玄関で脱いだ靴を並べる、共同の手洗いをきれいに使うなど）。他の選手やスタッフ、一般の宿泊客や現地の方々と気持ちよく過ごせるよう、マナーはきちんと守りましょう。強い選手ほど、生活面もきちんとしていて気遣いができていると感じます。礼儀とスポーツマンシップは比例しているのです。選手力、チーム力を高めるためにも、礼儀やマナーは意識することが大切です。

PART
2

競技タイプ別
栄養補給例

身体でつくられるエネルギーの種類

競技によって変わるエネルギーのつくられ方

競技には、短時間のスピードを競うもの、長時間の持久力が必要なものなど、さまざまなタイプがあります。力の出し方によってエネルギーのつくられ方は変わり、大きく「有酸素系エネルギー」と「無酸素系エネルギー」のふたつに分けられます。

長時間の運動でつくられる有酸素系エネルギー

およそ3分以上かかるような長時間の運動時には、呼吸によって得られる酸素を利用してエネルギーがつくられます。これを「有酸素系エネルギー」と呼びます。脂質をエネルギー源としますが、脂質が使用される際に糖質が必要となります。有酸素系エネルギーが供給される競技は、たとえばマラソン

おもに無酸素系エネルギーを使う競技例

陸上短距離走

およそ1分以内の短時間で
全力を出しきる

おもに有酸素系エネルギーを使う競技例

マラソン

低強度の運動をフルマラソンであれば数時間続ける

や競歩などです。

一瞬のパワーを生み出す無酸素系エネルギー

「無酸素系のエネルギー」は、パンッと爆発的に使うエネルギーのことです。無酸素系エネルギーはさらに「非乳酸性」と「乳酸性」に分けられます。非乳酸性は、ウェイトリフティングのようにごく短時間で爆発的な力を発揮するためのエネルギー。乳酸性は、たとえば400m走のように、1分間程度の短時間で全力を出すためのエネルギーです。

両方のエネルギーを使う競技も多数

多くの競技は、有酸素系と無酸素系のエネルギーを両方使います。たとえばサッカー選手は、ボールを蹴る瞬間は無酸素系のエネルギーを使いますが、試合中走り続けるには有酸素系のエネルギーを使います。運動内容によって必要な栄養素は変わってくるので、自身の競技はどのエネルギーをどのくらいの割合で使うのかを把握しておくとよいでしょう。

有酸素系・無酸素系エネルギーの両方を使う競技例

ラグビー

長い時間広いグラウンドを走りきる持久力と、スクラムやコンタクト（p.118）などではパワーが必須

テニス

ラリーが続いたり試合が長いと持久力が必要。強打の際には瞬間的なパワーを使う

サッカー

グラウンドを走る持久力と、キックの際には瞬間的なパワーが必要

3つの競技タイプ

使うエネルギー別に競技タイプを分類

競技中に使われるエネルギーは、前のページで解説したエネルギーのいずれかに当てはまります。その組み合わせによって、競技を「ハイパワー」「ミドルパワー」「ローパワー」の3つに分け、それぞれの栄養や食事のポイントを紹介します。自分の競技の「エネルギー供給」がどのタイプかを分析し、見合ったタイプの考えを参考にしてください。

無酸素系のエネルギーを使うハイパワー

ハイパワーは、無酸素系のエネルギーを必要とする競技で、代表的なものは、陸上競技の短距離走など。筋肉が豊富で身体が大きいことが有利な競技です。食事量とたんぱく質、糖質の確保がポイントです。

複数のエネルギーの組み合わせのミドルパワー

ミドルパワーは、非乳酸性と乳酸性の組み合わせ（瞬間的な運動と、1分程度全力で継続する運動）、もしくは、乳酸性と有酸素系の組み合わせ（1分程度の全力の運動と、持久的な運動）の競技です。ある程度長時間筋力をキープするため、「筋グリコーゲンの回復」を考えた栄養素を摂ります。

有酸素系エネルギーのローパワー

ローパワーは有酸素系エネルギーを使う、マラソンのように長く継続できる競技です。糖質とその代謝をアシストするビタミンB群のほか、筋疲労の回復や貧血の予防のためのたんぱく質を確保します。

ハイパワー

●代表的な競技・種目

陸上競技の短距離離走、陸上競技の投てき（円盤投げ、砲丸投げなど）、野球の投手　など

●栄養のポイント

大きく強い身体を保つ、またはつくるための栄養バランスのとれた食事量の確保、筋力アップ・筋力キープのための十分なたんぱく質の摂取。筋肉の分解を起こさないために十分な糖質の摂取も必要。

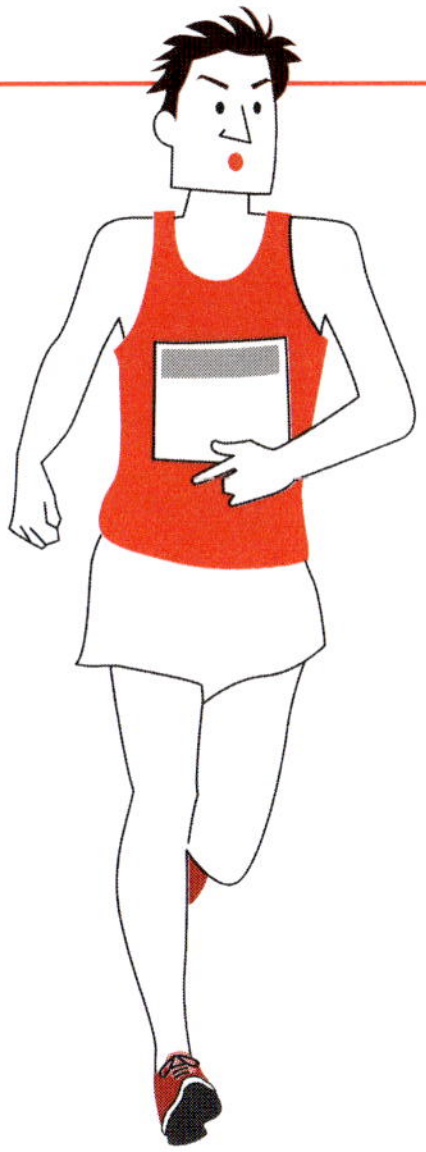

ローパワー

●代表的な競技・種目

陸上競技の長距離離走、マラソン、競歩など

●栄養のポイント

有酸素系エネルギーを供給するための糖質、糖質の代謝をアシストするビタミンB群、筋疲労の回復や貧血予防のための十分なたんぱく質の確保。

ミドルパワー

●代表的な競技・種目

陸上競技の中距離離走
レスリング、サッカー　など

●栄養のポイント

筋力をある程度の時間使うため、筋グリコーゲン（筋肉に蓄えられるグリコーゲン）の回復を考えた栄養素（糖質、たんぱく質、ビタミンB群など）を確保すること。

競技別栄養補給例

陸上（投てき、跳躍、短距離走）野球・ソフトボール（投手）サッカー・ハンドボール（ゴールキーパー）

Point!

●パワータイプ

ハイパワー

●求められる身体づくり

爆発的なパワーを生み出す大きな身体づくりが必要

●気をつけて摂りたい栄養

たんぱく質、糖質

パワーを生み出す筋肉をつくり、維持する食事が大切

陸上種目のなかでも、投てき、跳躍、短距離走は持久力よりも俊敏性、爆発的なパワーが必要。野球・ソフトボールの投手、サッカー・ハンドボールのゴールキーパーは、ゴール前で相手と競り合ったり、ボールを受け止めたりと、瞬間的に多くの刺激が筋肉に加わります。

いずれも大きな身体と筋力が必要な、ハイパワータイプの競技です。筋肉の分解を抑制・回復させるためにも、たんぱく質と糖質を十分確保しましょう。また、野球やソフトボールの投手は、何回もボールを投げるための持久力も必要になります。その点でも日頃の食事や、練習や試合前〜中〜後の糖質の補給を意識しましょう。

水泳（競泳）

瞬発力・持久力を備えた パワーを繰り出せる身体づくりを

細かく種目を分けると、長距離や短距離などに分かれ、使うエネルギーのタイプが異なります。また、ひとりの選手が長距離と短距離をまたいでいたりすることも多い競技ですが、いずれも一定の距離を決められた泳法で泳ぎ、タイムを競い合うため、パワーの源である筋力をアップするためのたんぱく質が必要です。

長時間の水中トレーニングに備えて すべての栄養素が十分に必要

ある程度の距離を泳ぎきるには、筋力の回復や持久力も重要。泳法の正しい技術を習得するためには集中力もカギになってくるので、糖質の摂取も心がけましょう。もちろんそのほかのビタミン、ミネラルも大切。一日を通して長時間水の内外でトレーニングを行うので、消費エネルギー量が大きいのも特徴。体重が落ちないように適切な食事量を確保しましょう。

早朝トレーニングがある時は 少しでも食事をしてから

プールの空き状況などの都合で、早朝からトレーニングをする人も多いでしょう。早朝練習は食事の時間がとりづらいかもしれませんが、空腹ではなく、軽食（補食）でもよいので、何か口にしてからトレーニングに臨みましょう。

Point!

●パワータイプ

ハイパワーからミドルパワーまで種目によって異なる

●求められる身体づくり

どの種目であっても強い筋力が必要

●気をつけて摂りたい栄養

たんぱく質、糖質

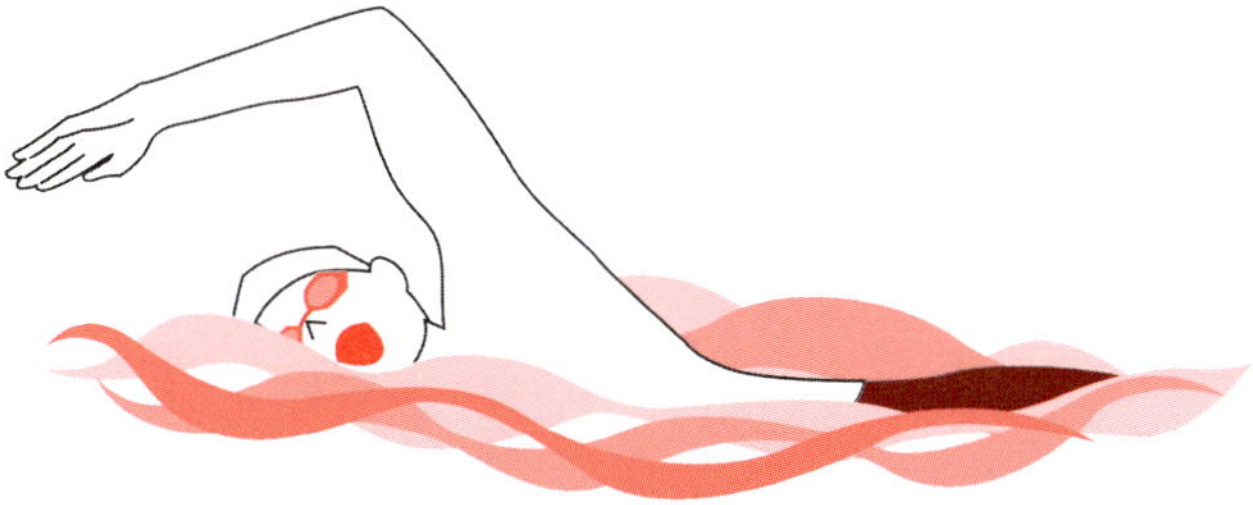

サッカー（ゴールキーパー以外）

Point!

●パワータイプ
ミドルパワー
●求められる身体づくり
キック等の瞬間的な強いパワーと走り続けるスタミナが必要
●気をつけて摂りたい栄養
たんぱく質、糖質、試合中、試合前後の水分

力強い筋力と持久力の両方が必要とされる競技

試合の時、最後まで走りきるためには有酸素系エネルギーが必要になり、ドリブルやキックの際は無酸素系エネルギーが発揮されていると考えられる、ミドルパワーの競技です。

十分なたんぱく質と糖質を摂り、脂質は控えめに

力強いキックやヘディング、相手との競り合いに打ち勝つ筋力のために、たんぱく質が必須。広いグラウンドを走り回るスタミナのための糖質も意識して摂取しましょう。

また、サッカーでは比較的体脂肪率が低い選手のほうがスピードと俊敏さに長けると考えられ、指導者によっては体脂肪率を下げることを求める場合もあります。その場合、適切な食事量を確保しつつ、低脂質を意識するとよいでしょう。

計画的な水分・エネルギー補給で最後までスタミナを保つ

練習・試合では、いかにすばやく疲労回復をできるかがカギになってきます。そのためには、練習・試合前〜中〜後の糖質補給、水分補給を計画的に行うことが大切です。

サッカーはポジションによって位置する場所が異なり、フィールドの真ん中でプレーするポジションは、試合中なかなかフィールド外まで水を取りに行くことができません。そのため、試合前に水分を十分摂っておくことが重要になります。

ハーフタイムの栄養補給で後半を走り抜く

また、サッカーはルール上、フィールド内での水分補給は水に限定されています（天然芝の保護のため）。スタミナが切れそうな時や、足がつりそうな時などはスポーツドリンクの摂取が望ましいのですが、試合中は摂取できません。そのため、いかにハーフタイムに、エネルギー補給のためのスポーツドリンクなどを摂取するかもカギになってきます。

ちなみに、試合の時、相手のゴールの近くでプレーが中断し、自分のチームのボトルが近くにない場合、相手チームのボトルから水分補給をしてもＯＫ。サッカーの試合ではそうした場面でフェアプレー精神を見ることがあります。

COLUMN

サッカー選手の好むBCAA

サッカー選手の多くが使用しているサプリメントに、必須アミノ酸のBCAA（分岐鎖アミノ酸）があります（26ページ参照）。これは、運動中の筋肉消耗を低減し、疲労回復を助けると言われているもの。90分の試合時間の間にいかに身体のエネルギーをからっぽにしないかをサッカー選手が重視するため、こうしたサプリメントが好まれるのでしょう。

野球・ソフトボール（投手以外）

Point!

- ●パワータイプ
  ミドルパワー
- ●求められる身体づくり
  ダイナミックな動きを生む筋力と、長時間の練習に耐えるスタミナが必要
- ●気をつけて摂りたい栄養
  たんぱく質、糖質

身体を動かすエネルギー以外にもさまざまな集中力が必要となる競技

ミドルパワーの競技。ボールを投げたりキャッチしたりといった、素早くダイナミックな動きの連続には、パワー（筋肉）の源であるたんぱく質をしっかり確保することが大切です。

また、ボールの動きを追ったり、両チームの動きを読んだり、盗塁に気を配ったりなど、さまざまな集中力が必要となるのも特徴的。身体を動かすエネルギーとともに、脳のエネルギーとなる糖質も欠かさないようにしましょう。

補食の活用などで長時間の練習に耐えられる食事量の確保を

野球やソフトボールは、さまざまな競技の中でも練習時間が長いのも特徴です。とくに高校生の部活動は、朝から晩までグラウンドにいることもあり、疲労や食事の時間がとれないなどの理由で一日の食事量が運動量に追いつかないと、筋力アップがなかなか進まない、疲れがとれない、体重が減るなどの原因に。食事をゆっくり摂ることが難しい場合は補食を活用し、必要な食事量を確保しましょう。

テニス（軟式・硬式）

強いショットを生むパワーとラリーを制する持久力が不可欠

ミドルパワーの競技。硬式、軟式とも、相手のボールを打ち返す強いショット、スピード、俊敏性が求められます。その強い筋力のもととなるたんぱく質をしっかりと補給しましょう。また、ラリーが長時間にわたり続くこともあり、持久力も必要になります。そのための糖質補給も欠かさないようにしましょう。

高温下での過酷な試合に耐えられる身体づくりを

そのほかに競技の特徴として、屋外の高温下での、長時間の練習や試合があげられます。大量に汗をかくことで身体の水分が失われるため、適切な水分補給が必須です。加えて、暑さや強い日差しといった過酷な環境にも耐えられる強い身体がないと、戦えません。三大栄養素を確保することはもちろん、ビタミン、ミネラルも含め、日頃からバランスよく栄養を摂り、強い身体づくりをしましょう。

Point!

●パワータイプ
ミドルパワー

●求められる身体づくり
パワーと俊敏さの両方と、炎天下の暑さに耐えられるタフさが必要

●気をつけて摂りたい栄養
たんぱく質、糖質

ラグビー・アメリカンフットボール

Point!

●パワータイプ
ハイパワーとミドルパワーの中間

●求められる身体づくり
爆発的パワーを生み出す大きな身体づくりとスタミナが必要

●気をつけて摂りたい栄養
たんぱく質、糖質、低脂質、十分な量の食事

激しいコンタクトに打ち勝つ強靭な体をつくる

走っている時間はサッカーほどは長くなく、コンタクト（相手選手との接触）が激しいのが特徴です。

フォワードはスクラム（選手同士が組んで押し合う）もあるので、爆発的なパワーが必要です。そのため身体を大きく、強靭にすることを重視します。筋肉の分解予防と合成を助けるためにも、十分な食事量を確保し、高たんぱく質、低脂質の栄養を摂りましょう。

最後までパフォーマンスを発揮できるよう十分な糖質摂取を

また、ハードなトレーニングメニューをこなすためのエネルギーと、リカバリーのための糖質も欠かせません。身体面だけでなく、自チームの戦略の理解、相手チームの動きの想定、複雑なルールへの対応、おのおのの技術の習得などのためには、集中力も不可欠。加えて長い試合時間の最後まで最高のパフォーマンスを発揮するためにも、十分な糖質の摂取が必要です。また、相手との接触によってケガをすることもあるため、予防のためのミネラル、ビタミンを意識して摂りましょう。

COLUMN

ポジションによって変わるラグビーの身体づくり

フォワードは体重が重く、がっしりとした体型に対して、バックスはパワーとともにスピードも発揮できるような選手が向いています。

スクラムは8人の総体重が多いほうが有利なため、単純にフォワードの体重が重いことを求めることもあります。バックスはボールを持った時に相手のディフェンスを越えて走り込むため、持久力と俊敏性が必要。また、スクラムを組むフォワードほど体重を重くすることは重視しませんが、バックスも守る時にタックルをするのでパワーを発揮できる筋力は必須です。このように、同じ競技でもポジションによって、身体づくりは変わります。

フィギュアスケート・新体操

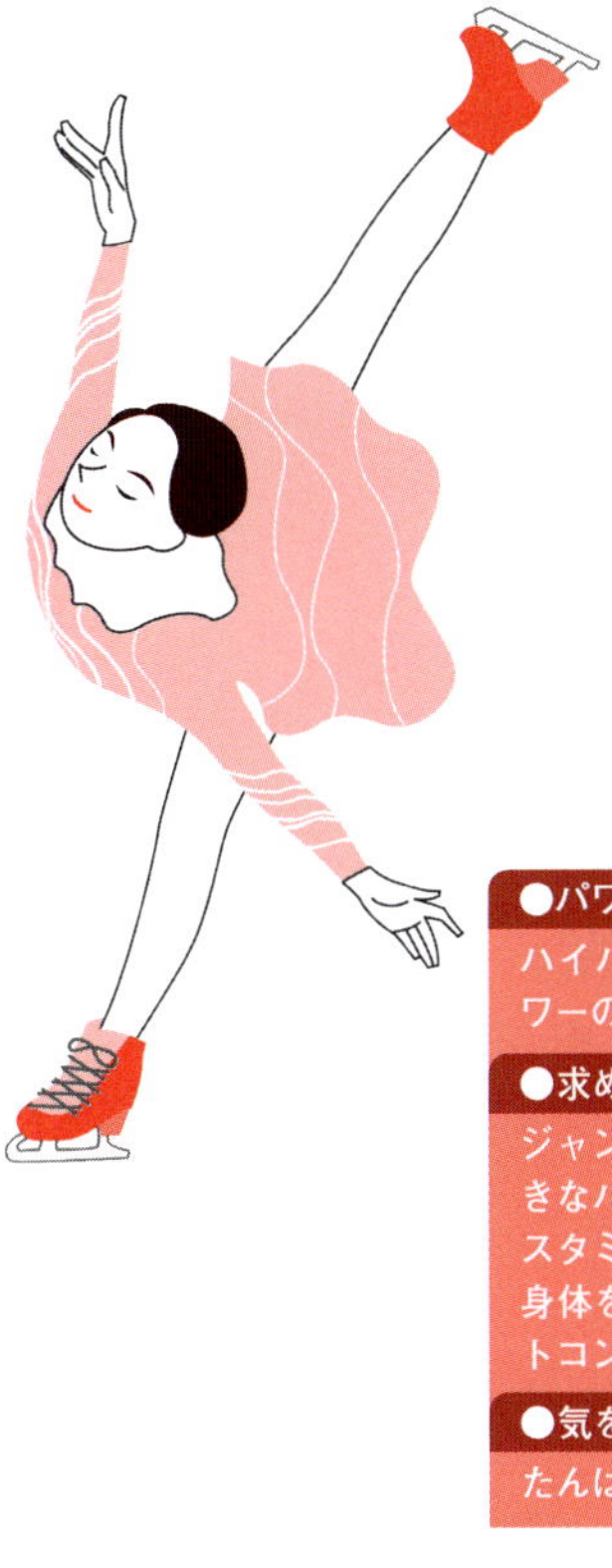

強い身体から繰り出される美しい技

音楽に合わせて演技をする、芸術性をともなった審美系種目。競技中動き続けるための糖質と、ジャンプなど技によっては瞬間的なパワーが必要で、筋力アップのためのたんぱく質も大切です。

Point!

●パワータイプ
ハイパワーとミドルパワーの中間

●求められる身体づくり
ジャンプなど瞬間的な大きなパワーと動き続けるスタミナとが必要。強い身体を保つ正しいウェイトコントロールも大切

●気をつけて摂りたい栄養
たんぱく質、糖質

無理な減量はケガ、風邪などのリスクに

これらの競技で気をつけたいのは、減量の取り組み方です。美しく見えることが競技の強さのひとつになること、また、ジャンプなどの技の精度にも体重が関わってくることから、減量に励む選手が多く、フィギュアスケートの場合は男性も厳しい減量をするケースがあります。

過度の減量によって慢性的な栄養不足が続くと、貧血や集中力・免疫力低下の原因に。集中力がなくなると、ジャンプの着地で足首をひねるなどのケガにもつながります。また、フィギュアスケートの場合、免疫力が下がると、とくにシーズンの冬に風邪をひきやすくなります。

個々の悩みに合わせた栄養と食事量の調整が大切

また、これらの競技の特徴として、中学生や高校生など、成長期の年代の選手も多く活躍しています。減量が苦しかったり、女性の場合月経不順があるなど個別の悩みが出てきます。美しい技を見せられる強い身体をつくることを目指して、一人ひとりのテーマの栄養に取り込むことが大切です。

バスケットボール・ハンドボール（ゴールキーパー以外）

激しいコンタクトに競り勝つ筋力と持久力が必要

ミドルパワーの競技。ひとつのボールを奪い合い、相手と激しくコンタクトを行うため、球技の中の格闘技と言われることもあります。相手に打ち勝つためのパワフルな筋力、力強いシュートや俊敏さのためのたんぱく質は欠かせません。また、競技時間内につねに走り続けているため、スタミナキープのための糖質の摂取も重要です。相手との競り合いによるケガのリスクも高いため、予防のためのミネラル、ビタミンの摂取も心がけましょう。

Point!

●パワータイプ
ミドルパワー

●求められる身体づくり
力強いコンタクトやシュートのためのパワーと走り抜くスタミナが必要

●気をつけて摂りたい栄養
たんぱく質、糖質

バレーボール

Point!

●パワータイプ
ミドルパワー

●求められる身体づくり
ジャンプやスパイクなどのためのパワーと長い時間動けるスタミナ

●気をつけて摂りたい栄養
たんぱく質、糖質、ケガを防ぐためのビタミン・ミネラル

ジャンプやレシーブに爆発的なパワーを求められる

エネルギーの使い方はバスケットやハンドボールに似ていますが、大きな違いはネットがあること。ジャンプしながら力強いスパイクを打ったり、高い位置から相手に打ち込まれたボールを拾ったりと、爆発的なパワーと絶えず俊敏な動きが求められます。それを支える筋肉をつくるため、十分なたんぱく質を確保しましょう。

ビタミン・ミネラルを意識して摂りジャンプやスパイクでのケガを予防

また、練習と試合の中で何度もジャンプをするのも特徴。とくにアタッカーはスパイクを打つため、下半身（膝、足首）、上半身（とくに肩）などに負担がかかり、慢性的なケガが多くなりがちです。腱や靭帯の材料となるコラーゲンの合成に働くビタミンC、強い骨をつくるカルシウムの摂取を心がけましょう。甘酸っぱい果物、牛乳や乳製品は欠かさず食べるのがベスト。また、バレーボールは練習時間、試合時間とも長い競技です。運動中のスタミナや集中力を切らさないためにも、運動前に（必要であれば運動中も）十分に糖質補給を行いましょう。

柔道・レスリング・空手（組手競技）

Point!

●パワータイプ
ミドルパワー
●求められる身体づくり
力強い技のためのパワーと何試合もこなすスタミナが必要。正しいウェイトコントロールも大切
●気をつけて摂りたい栄養
たんぱく質、糖質

短いスパンで続く試合に耐えられるスタミナが必要

身体ひとつで、相手と一対一で戦う競技です。時間内で相手に打ち勝つパワーや、俊敏性が必要なため、その源となる十分なたんぱく質の確保が重要になります。

また、これらの競技は、一度の試合時間は5分程度と短いものの、回数を何回もこなすことがあります。トレーニングも、技の練習を1時間以上行ったり、朝練があったりするほか、試合形式の練習になると、相手を代えながら10本、15本など行うこともあります。そのため、スタミナを保つための糖質補給も普段から心がけましょう。

ウェイトコントロールの必要な階級制競技

階級制であることの特徴として、場合によっては増量や減量など、それぞれにウェイトコントロールが必要になります。その場合は個別の課題に沿って栄養・食事戦略を立てる必要もあります。

フェンシング・剣道

Point!

●パワータイプ
ミドルパワー

●求められる身体づくり
一撃のためのパワーと何試合もこなすスタミナが必要

●気をつけて摂りたい栄養
たんぱく質、糖質、運動前後の水分

一撃のための筋力が必要

剣や竹刀を持ち、一対一で戦う競技で、分類としてはスタミナとパワーの両方が必要なミドルパワーの競技です。相手の隙《すき》を狙い、一瞬で攻撃する際の爆発的パワーを出すためのたんぱく質を十分確保しておく必要があります。

数ある試合を乗りきるためのスタミナづくりを

フェンシングや剣道は、練習量が多いのが特徴。試合は、一撃で終わる場合もありますが、勝負がつかずに延長になり、長時間になることも。また、勝ち続けると一日に数試合行ったり、大会によっては総当たり戦を勝ち抜いた人がトーナメント形式で試合をする場合もあります。スタミナも求められるので、糖質も積極的に摂ります。

試合で力を発揮するために計画的な水分・エネルギー補給を

防具を装着する競技は練習や試合中の水分補給が難しく、とくに試合が続いた場合、摂るタイミングがなかったりします。すると、せっかく勝ち進めたとしても、水分不足で、本来の力が発揮できないことに。そのため、試合の数時間前からウォーターチャージをするなど、計画的に水分を摂り、試合中の脱水を防ぎましょう。

COLUMN

静的動作の競技

射撃やアーチェリー、弓道、空手の形競技などの競技は、コート内を走り回るような激しい動きはなく、全体的な運動量はほかの競技に比べて少なめです。ですが、ある程度の時間道具を持つ、一定のポーズを維持するなど静的動作を支える筋力が必要になります。そのため、食事では筋肉の材料となるたんぱく質はやはり大切。どの競技も一瞬の集中力が試されますので、糖質も消費します。ただ、競技自体の消費エネルギーは中～強度の競技に比べると少ないので、食べすぎはNG。トレーニング量が少ない時は、食事量を調整することも大事です。

バドミントン・卓球

高温下での試合や練習に耐えられる身体づくりと水分補給

ラケットやシャトル、ボールが軽量なので、テニスほど筋力の影響は受けませんが、力強いスマッシュや相手とのスピーディな展開に対応できる俊敏な動きのための強い身体づくりは必須です。しっかりとたんぱく質を確保しましょう。

どちらの競技も試合時間はその時によって異なり、ポイントの取り合いになると長時間になることもあります。また、技の習得のため練習も全体的に長い傾向があります。そのためスタミナをつけることは必須です。また、プレー中は相手の動きを予測したり、駆け引きを行うため、高い集中力をキープします。スタミナと集中力のもとである糖質も積極的に摂りましょう。

両競技とも、風を防ぐために窓やカーテンを締め切った室内で行います。とくに夏場は高温環境になり、湿度も高くなります。脱水症状にならないための水分補給を計画的に行いましょう。

Point!

●パワータイプ

ハイパワーとミドルパワーの組み合わせ

●求められる身体づくり

力強さとスピーディな試合展開に対応できる俊敏性が必要

●気をつけて摂りたい栄養

たんぱく質、糖質、高温下（夏場の室内等）での水分補給

陸上（長距離走）・トライアスロン

練習や試合の前～中～後はこまめに栄養補給を

長時間にわたり一定のスピードで動き続ける持久力がカギになってきます。そのため運動前～中～後と、コンスタントに水分、糖質を補給する必要があります。

たんぱく質と鉄で強い身体づくりと貧血予防

また、フォームを維持したり、自転車をこぐ時の脚力などのための筋力が必要です。普段の食事では、持久力のもととなる糖質、糖質のエネルギー代謝を助けるビタミンB_1とともに、筋肉の材料となるたんぱく質も意識して摂りましょう。コンディションをキープするためのビタミン、ミネラルの補給も欠かさずに。また、鉄は、長時間低強度の運動を行う際にヘモグロビン（鉄がおもな材料）が使われるため、補給が不足すると貧血になりやすいので注意が必要です。しっかりと摂取するよう心がけましょう。

夏の暑いレースはもちろん、気温がそれほど高くない季節でも、競技時間が長いため発汗量が多いことがあります。日頃のトレーニング時から自分の発汗量を把握し、本番では効率のよい水分補給と糖質補給を行いましょう。

Point!

●パワータイプ

ローパワー

●求められる身体づくり

長時間動き続けるためのスタミナが必要

●気をつけて摂りたい栄養

糖質、ビタミンB_1、たんぱく質、鉄、運動中の水分補給

COLUMN

まんべんなく食べてもらう工夫を

ある高校野球部に、こんなエピソードがあります。甲子園出場を目指して日々練習に励んでいた部員たちは、身体を鍛え上げるために、食事管理を徹底することにしました。とにかくよく食べて身体を大きくしようと、部員のひとりは学校におにぎりを20個、お弁当を2個持参していたそうで、なんと一日にご飯8合をたいらげていました。高校入学時から2年間で25kgも増量に成功し、この野球部自体も見事甲子園出場を果たしました。

このように、アスリートにとって食べることもトレーニングのひとつ。口にするものにどんな栄養が含まれていて体内でどんな働きをするのか、知識をもったうえで食事をすることは、強くなるためのステップなのです。ただし、食の重要性を強調しすぎると、楽しいはずの食事が苦痛になることもあります。食事を用意される方々も、ぜひ楽しみながら献立を考えていただければと思います。

アスリートの食事を見ていると、気をつけないとどうしても偏ったり、人によっては小食で量が食べられなかったりすることがあります。

小食のアスリートのなかには、皿の枚数が多いだけでも苦痛になる人がいると言います。そんな時は、具だくさんの丼や麺料理にしたり、ワンプレートディッシュにすると抵抗感がなくなるのでおすすめです。食事中に口が乾く人もいるようなので、パン食よりも水分の多いご飯食、汁麺などを提供すると喜ばれるかもしれません。

好き嫌いが多い場合は、嫌いなものを隠すのもひとつの手。たとえば、野菜嫌いの場合には、炊き込みご飯やチャーハン、オムライスに細かく刻んだ野菜を入れることで、栄養をまんべんなく摂ってもらうことができます。

PART
3

かんたんおいしい
アスリートレシピ

食事の3つのポイント

❶ 5つの料理群を基本に考える

44ページで紹介しているように、次の①〜⑤の5つの料理群を一食に揃える食べ方をすることで、栄養バランスのよい食事ができます。

①主食（ごはん、パン、麺類などの穀類）
②主菜（メインのおかず：肉、魚、卵、大豆・大豆製品）
③副菜（サブとなるおかず：緑黄色野菜、その他の野菜、いも類、海藻類、きのこ類）
④牛乳・乳製品
⑤果物

132ページから、主食、主菜、副菜のレシピを紹介しているので、この考え方を基本に献立を組み立てるとよいでしょう。

5つの料理群を揃えた献立例

応用 すべてバラバラのお皿に分けなくてもOK!

例：カレーライスは①主食、②主菜、③副菜が含まれる。これに乳製品と果物を足すと栄養バランスがとれる。

❷いろいろな調理法でおいしく栄養を摂る

料理には、生で食べる、焼く、煮る、ゆでる、油で揚げるなどの調理法があります。栄養によっては特定の調理法との相性がありますが（例：ビタミンAは脂溶性のため油と一緒に摂ると吸収がよい、ビタミンCは加熱により破壊される）、細かいことを気にしすぎると、食に制限がかかってしまいます。

また、人によって調理の得意・不得意があったり、忙しくて料理ができなかったりするでしょう。**自分自身のライフスタイルに応じてできる範囲で、いろいろな調理法で作られた、さまざまな料理をおいしく、楽しく食べましょう。**

最近では電子レンジや炊飯器による調理もあり、食事を作る手間を減らせるようにもなりました。本書ではそうした調理法も紹介しているので、ぜひ試してみてください。

❸全体的な量は個人に合わせて調整する

必要な食事の全体量は人によって異なります。基本的には個人の体重によって調整をすることがすすめられ、体重の重い人ほど食事量も多く、少ない人ほど食事量は少なくなります。

それに加えて、トレーニングや競技での運動量が多い人は総エネルギー量を増やしたり、減量中の人は食事量は変えずに質を変えるなど、個人に合わせた調節をします。

食事内容がその人に合っているかは、62ページなどでも解説しているように、**体重・体脂肪率の計測**がわかりやすく、簡単で続けやすいので、毎日記録をとることをおすすめします。思ったよりも体重が増えた場合は食事量が多すぎることが考えられるので食事の全体量を減らす、体脂肪率が落ちない場合は脂質を控えるなど、食事に反映させましょう。

アスリートの食事

主食のポイント

主食となる食材は、ご飯、パン、麺類、シリアルなど。効率よくエネルギーとなる糖質を多く含み、腹持ちがよいので、食事に必ずとり入れます。

炊き込みご飯、ピザトースト、鍋焼きうどん、具沢山スパゲッティなど、一品に複数の食材を組み合わせるのも栄養バランスがとれておすすめです。

【ご飯】 白米、玄米、雑穀入りご飯、発芽玄米などがあります。プレシーズン中など普段の練習では玄米など栄養素密度が高いものがおすすめ。ですが、試合前の期間や試合当日は消化のよい白米のほうがエネルギーに変わりやすくて向いています。

【パン】 食パン、フランスパン、コッペパン、ロールパンなどがおすすめ。カレーパン、あんドーナッツ、クロワッサンなどは脂質が多く、アスリートには不向きです。たとえば、あんパンとドーナッツでは、エネルギー（カロリー）はあまり変わらないのに、あんパンのほうが脂質が少なめで、たんぱく質と炭水化物の量はそれなりに含みます。このようにいくつかの惣菜パンや菓子パンの栄養成分表示を見て比較してみましょう。

【麺類】 うどん、そうめん、そば、パスタ（スパゲッティ、マカロニ、ラザニアなど）がアスリートの食事向きです。ラーメンは油脂を多く使用していることがあり、塩分も高いので、もし食べるのであれば汁は残すとよいでしょう。そのほかギョウザやシュウマイの皮、ピザの皮なども糖質が多く、エネルギー源になります。ピザはチーズが多すぎず、野菜や肉など具が多種のっているものを選びます。

【シリアル】 手軽に摂れて、栄養も豊富。脂質が少なく、砂糖が少なめのものを選びましょう。

丸ごとトマトの炊き込みご飯

いろいろな食材と発芽玄米で、栄養素密度が高い一品。材料を合わせて炊くだけの簡単レシピ！

材料（2人分）

米……1と1/2カップ（270mℓ）
発芽玄米……1/2カップ（90mℓ）
オイスターソース…大さじ1/2（9g）
塩……小さじ1/2（3g）
にんじん……1/5本（40g）
ぶなしめじ……1パック（100g）
ベーコン……6枚（120g）
トマト……大1個（200g）
水……適量

作り方

1. 米はといでザルにあげる。発芽玄米はさっと洗ってザルにあげる。にんじんは粗みじん切りにする。しめじは石づきを取り、ざく切りにする。ベーコンは細切りにする。トマトはヘタを取り、上部に浅く十字に切り込みを入れる。
2. 炊飯器に米と発芽玄米、オイスターソース、塩、にんじん、しめじ、ベーコンを入れて軽く混ぜ、トマトをのせる。
3. 2合の目盛まで水を入れ、炊く。
4. 炊きあがったらしばらく蒸らし、トマトを崩して全体をよく混ぜる。

1食分の栄養

エネルギー／631㎉
炭水化物／81.8g
たんぱく質／29.3g
脂質／20.1g
ビタミンB_1／0.69㎎

カラフルグラタン

一品で主食、主菜、副菜の要素が摂れて栄養満点！生クリーム不使用、バター少なめで低脂質。

材料（2人分）

ボンレスハム……約3枚（70g）
玉ねぎ……1/2個（100g）
にんじん……1/4本（50g）
じゃがいも……小1個（100g）
ブロッコリー……1/2株（100g）
サラダ油……大さじ1/2（6g）
薄力粉……大さじ2（16g）
牛乳……400㎖
水……100㎖
コンソメ（顆粒）……小さじ1と1/2（3g）
マカロニ（早ゆでタイプ）……100g
スライスチーズ（溶けるタイプ）……2枚（36g）
バター……4g

作り方

1. ハムは角切りにする。玉ねぎ、にんじんは粗いみじん切りにする。じゃがいもは薄いいちょう切りにする。ブロッコリーは一口大に切って下ゆでする。
2. 熱したフライパンに油を入れ、ハムを炒める。
3. ハムに火が通ったら、玉ねぎ、にんじん、じゃがいもを加えて炒める。
4. 野菜に火が通ったら火を止めて、薄力粉を入れて粉っぽさがなくなるまでなじませる。
5. 4に牛乳・水・コンソメを加えて、中火にかける。
6. 煮立ったらマカロニを加え、4分ほどかき混ぜながら加熱する（蓋はしない）。
7. 6を耐熱容器に移し、ブロッコリーをのせ、チーズ、バターを散らして、オーブントースターなどで焼き目がつくまで焼く。

1食分の栄養

エネルギー／559㎉
炭水化物／72.6g
たんぱく質／24.5g
脂質／19.3g
ビタミンB_1／0.55㎎

ポテト入りホットサンド

マッシュしたじゃがいもが加わり、ボリューミーで十分な糖質を補給！

材料（2人分）

じゃがいも	小1個（90g）
塩	少々
こしょう	少々
マヨネーズ	大さじ1と1/2（18g）
ボンレスハム	5枚（100g）
レタス	2枚（60g）
ミニトマト	6個（90g）
食パン（6枚切り）	4枚（240g）
スライスチーズ	2枚（36g）

作り方

1. じゃがいもは皮つきのままラップで包み、電子レンジで6分加熱する、または6分ゆでる。中まで火が通ったら皮をむいてつぶす。塩、こしょう、マヨネーズで味つけする。
2. ハムは1㎝角程度の正方形に切り、1と混ぜる。
3. レタスはちぎって洗い、水気をきる。ミニトマトは半分に切る。
4. トースターで食パンに軽く焼き目をつける。
5. 食パンの上にレタス、チーズ他の具材をのせ、サンドする。カットして器に盛る。

アスリートの食事

主菜のポイント

肉、魚、卵、大豆・大豆製品などたんぱく質を豊富に含む食材を使った、メインとなるおかずです。それぞれビタミン・ミネラルも含み、さまざまな食材をまんべんなく摂ることでバランスがとれます。

【肉】 肉は低脂質の部位（豚もも肉、鶏もも肉、鶏むね肉など）を選びます。鶏肉の皮は脂質が高いので外して（皮1枚で皮なしの肉と同程度のカロリー）。加工品は、ベーコンよりもハムがより低脂質。

【魚】 魚の切り身や刺身のほか、缶詰やちくわなどの加工品も調理がラクで便利。貝類、かに、えび、いか、たこなども栄養素密度が高い食品です。

【鶏卵】 価格が安定していて、良質なたんぱく質源。一日1個を目安に食べましょう。

【大豆・大豆製品】 大豆の水煮、納豆、豆腐、油揚げなどが食事にとり入れやすいでしょう。

1食分の栄養

エネルギー／224kcal
炭水化物／13.9g
たんぱく質／20.7g
脂質／8.5g
ビタミンB_1／0.88mg

鮭と野菜のレンジ蒸し

食欲そそるバターじょうゆ味で、ビタミン豊富な緑黄色野菜もしっかり食べられます。

材料（2人分）

ブロッコリー…小1/2株（60g）
にんじん…小1/2本（70g）
ぶなしめじ…1/2パック（40g）
生鮭…2切れ（160g）
バター…10g
しょうゆ…小さじ2（12g）

作り方

❶ブロッコリーは小房に分ける。にんじんはせん切りにする。しめじは小房に分ける。鮭は一口大に切る。
❷耐熱皿ににんじん、ブロッコリー、しめじ、鮭、バターの順番にのせる。
❸ふんわりとラップをかけ、電子レンジで4分加熱する。
❹ラップを外し、しょうゆを回しかけて味を調える。

豚肉のしょうが炒め

豚肉に多く含まれるビタミンB_1は玉ねぎに含まれるアリシンで吸収アップ！

材料（2人分）

玉ねぎ…1/4個（50g）
にんじん…1/5本（40g）
ピーマン…1/2個（20g）
A 酒…小さじ2（10g）
　みりん…小さじ2（12g）
　はちみつ…大さじ1/2（10g）
　しょうゆ…大さじ1（18g）
　おろししょうが…10g
　おろしにんにく…4g
豚ももスライス肉…180g
サラダ油…大さじ1/2（6g）

作り方

❶玉ねぎはすりおろす。
❷にんじんは短冊切りにする。ピーマンも同じくらいの大きさに切る。
❸Aと1を合わせ、豚肉を5分つける。
❹フライパンに油を入れて熱し、2、3を炒める。

1食分の栄養

エネルギー／293kcal
炭水化物／12.0g
たんぱく質／21.3g
脂質／17.9g

おから入り和風ハンバーグ

おからで手軽にボリューム＆たんぱく質アップ！おからパウダーは保存のきく便利食材です。

材料（2人分）

玉ねぎ		1/4個（60g）
A	合挽き肉	160g
	牛乳	大さじ2（30g）
	溶き卵	1/2個分（25g）
	おからパウダー	大さじ3（30g）
	塩	ひとつまみ
	こしょう	少々
サラダ油		小さじ1（4g）
大根おろし		80g
ぽん酢しょうゆ		小さじ2（12g）
トマト		1/3個（50g）
サニーレタス		大1枚（20g）

作り方

1. 玉ねぎはみじん切りにする。耐熱容器に入れ、ふんわりとラップをし、電子レンジで2分加熱した後、冷ましておく。
2. ボウルに1とAを入れ、粘り気が出るまで手早くこねる。成型し、空気を抜き真ん中にくぼみを作る。
3. フライパンに油を熱し、2を強火で3分焼き、裏返して蓋をし、中火で7分蒸し焼きにする。
4. 器に盛り、大根おろしをのせ、ぽん酢しょうゆをかける。カットしたトマト、サニーレタスを添える。

鶏チャーシューと味つけ卵

手軽に作れる高たんぱく、低脂質な主菜。酸味のある味つけで、疲れていても食べやすい！

材料（2人分）

鶏むね肉……300g
A
- ぽん酢しょうゆ……1/3カップ（75g）
- しょうゆ……1/3カップ（75g）
- 砂糖……大さじ3（27g）
- おろししょうが…少々（1.5g）
- おろしにんにく…少々（1.5g）
- 水……30㎖

卵……2個（100g）

1食分の栄養

エネルギー／290㎉
炭水化物／11.3g
たんぱく質／41.7g
脂質／7.4g

作り方

1. 鶏むね肉は皮を取り、開いて包丁で内側に縦横6本ずつくらい切り目を入れて平らにする。
2. Aをボウルに合わせて1をひたし、冷蔵庫で7時間つけ込んでおく。
3. 水気をきった2をラップで棒状に包み、耐熱容器に入れる。つけ込んだ液（たれ）は、半量をコップ程度の口の大きさの耐熱容器に入れる。
4. 3の肉とたれを電子レンジに入れ、3分加熱し、たれは取り出す。
5. 肉は、裏返して、再度電子レンジで3分加熱する。冷ましておく。
6. ゆで卵を作り、4のたれ15㎖を入れたポリ袋に入れて、冷蔵庫で1時間ねかせる。
7. 5のラップを外して1㎝幅の斜め切りにし、器に盛り、たれをかける。カットした6を添える。好みで塩ゆでしたさやいんげん（分量外）を添える。

アスリートの食事

副菜のポイント

ビタミンやミネラル、食物繊維が豊富な野菜やいも類、海藻、きのこ類を使ったサブおかず。切干大根、乾燥ひじきなどの乾物や冷凍野菜は、日持ちがし、調理が簡単なので、常備しておくと便利です。

【野菜の種類】ブロッコリー、にんじん、ほうれん草などの、中まで色の濃い緑黄色野菜は、ビタミンAを多く含みます。その他、なすのように中が薄い色の野菜は淡色野菜です。旬の野菜は栄養価が高いので、ぜひとり入れましょう。

【調理法】生食は、加熱すると破壊されるビタミンCがしっかりと摂れます。一方、野菜に火を通すとカサが減り、たくさん食べられる利点が。スープにすると水に溶けたビタミンCも摂れ、油炒めなどでは脂溶性のビタミンAの吸収がよくなります。いずれも利点があるので、いろいろな料理を楽しんでください。

温野菜サラダ

ビタミン豊富な緑黄色野菜をしっかり摂れる！冷やして食べてもおいしい。

材料（2人分）

にんじん……小1/2本（80g）	ブロッコリー……1/2株（80g）
玉ねぎ……1/3個（60g）	水……50㎖
ぶなしめじ……1/3パック（30g）	ごまドレッシング（市販）…大さじ2（30g）

作り方

1. にんじん、玉ねぎは2㎝角の乱切りにする。ブロッコリーは小房に分ける。にんじん、ブロッコリー、玉ねぎ、しめじの順で、耐熱容器に入れる。
2. 1に水をふりかけ、ラップをかけ、電子レンジで4分加熱する。
3. ラップを外し、材料をひと混ぜする。
4. ごまドレッシングをかける。

1食分の栄養

エネルギー／96㎉
炭水化物／12.3g
たんぱく質／4.0g
脂質／4.3g
レチノール当量／200μg
ビタミンC／53㎎

※レチノール当量：ビタミンAの単位

カラフルきんぴられんこん

1食分の栄養

エネルギー／94kcal
炭水化物／12.5g
たんぱく質／1.2g
脂質／4.1g
レチノール当量／7.8μg
ビタミンC／33mg

れんこんに含まれるムチンという成分が胃腸を健康に保ちます。
パプリカのビタミンCが免疫力をキープ！

材料（2人分）

れんこん水煮 ………… 100g
サラダ油 …… 小さじ2（8g）
赤パプリカ・黄パプリカ
………… 各1/4個（各20g）
黒いりごま ………… 0.3g

A
砂糖 …… 小さじ1（3g）
和風だし（顆粒）… 小さじ1/2（1g）
酒 ……… 小さじ1（5g）
みりん …… 小さじ1（6g）
しょうゆ … 小さじ1と1/2（9g）
赤唐辛子 …… 1本（0.5g）

作り方

1. パプリカはせん切りにする。赤唐辛子は輪切りにする。
2. フライパンを中火にかけ、サラダ油を熱し、れんこん水煮を炒める。Aを加えて煮汁がなくなる手前まで炒める。
3. パプリカを加えてさっと炒め、火を止める。
4. 器に盛り、ごまを散らす。

鶏肉入りひじき煮

1食分の栄養

エネルギー／157kcal
炭水化物／21.7g
たんぱく質／7.1g
脂質／5.9g
レチノール当量／184μg
ビタミンC／2mg

鶏肉のうまみでだしいらず！
ごはんに混ぜ込んでおにぎりにもおすすめ。

材料（2人分）

にんじん ………… 1/5本（40g）
ひじき（乾燥）………… 16g
しらたき …… 1/4袋（30g）
ごま油 ……… 小さじ1（4g）
鶏ももひき肉 ………… 60g

砂糖 … 大さじ1と1/2（14g）
しょうゆ … 大さじ2（36g）
みりん …… 大さじ2（36g）
水 ………………… 100mℓ

作り方

1. にんじんはせん切りにする。ひじきは水（分量外）で戻す。しらたきはざく切りにする。
2. 熱したフライパンにごま油を入れ、鶏ひき肉をよく炒める。
3. 鶏の油が出てきたらにんじんを加えて炒め、油が絡んだらひじき、しらたきを加えてさらに炒める。油が回ったら調味料と分量の水を加え、中火で煮汁がなくなるまで煮る。
4. 器に盛る。好みで塩ゆでして斜め細切りにしたさやいんげん（分量外）を飾る。

1食分の栄養

エネルギー／78kcal
炭水化物／5.0g
たんぱく質／3.4g
脂質／5.2g
レチノール当量／360μg
ビタミンC／3mg

簡単にんじんしりしり

にんじんのビタミンAでコンディションキープ。
ツナのうまみでいくらでも食べられる！

材料（2人分）

にんじん …… 1/3本（60g）
ツナ缶（水煮） …… 小1/2缶（30g）
塩昆布 …… 1g
和風だし（顆粒） …… 小さじ1/2（1g）
ごま油 …… 小さじ1（4g）

作り方

❶にんじんはせん切りにする。
❷耐熱皿ににんじん、水気をきったツナ、塩昆布、和風だしを入れて軽く混ぜ、ラップをして電子レンジで2分強加熱する。
❸2にごま油を回しかける。

1食分の栄養

エネルギー／118kcal
炭水化物／10.4g
たんぱく質／10.2g
脂質／4.3g
レチノール当量／78μg
ビタミンC／14mg

あさり入り切干大根煮

不足しがちなカルシウムと
鉄が手軽に摂れる一品です！

材料（2人分）

切干大根 …… 15g
しいたけ …… 1個（10g）
ピーマン …… 1個（30g）
にんじん … 1/10本（20g）
大豆水煮 …… 30g
あさり水煮（汁含む）
…… 小1缶（50g）
油揚げ …… 1/2枚（15g）
めんつゆ（3倍濃縮）
…… 大さじ1（18g）
水 …… 25mℓ

作り方

❶切干大根は水（分量外）で戻す。しいたけは軸を切り落とし、2mm厚さにスライスする。ピーマンとにんじんは細切りにする。大豆水煮は水で軽く洗う。
❷鍋にピーマン以外のすべての材料（あさり水煮は汁ごと）を入れて中火にかけ、切干大根がやわらかくなるまで5〜10分煮る（途中水分がなくなってきたら分量外の水を足す）。
❸煮あがる直前にピーマンを加えて少し煮る。

ちくわとピーマンの炒め物

加熱しても壊れにくいピーマンのビタミンC。
ちくわはウインナーやツナ缶に替えてもOK！

材料(2人分)

にんじん……1/6本(30g)
ピーマン……2個(80g)
焼きちくわ…小3本(60g)
ごま油……小さじ1(3g)
めんつゆ(3倍濃縮)……小さじ2(12g)
柚子胡椒……2g
白いりごま……2g

作り方

❶にんじん、ピーマンは5mm幅の細切りにする。ちくわは5mm幅の斜め輪切りにする。
❷フライパンにごま油を入れ、中火でにんじんを炒める。
❸3分ほど炒め、にんじんがやわらかくなったらピーマンとちくわを加え、さらに3分ほど炒める。
❹めんつゆと柚子胡椒を混ぜて3に絡ませ、最後にごまを入れてひと混ぜする。

ダブル大根なます

お酢の酸味で食欲増進！
酸味でだ液の量が増えると消化吸収もよくなります。

材料(2人分)

切干大根……40g
大根……1/8本(100g)
にんじん……1/5本(40g)
きゅうり……1/8本(20g)
塩……ひとつまみ
A 酢……大さじ1(15g)
　レモン汁…小さじ1(5g)
　砂糖……大さじ2(18g)
枝豆塩ゆで(さやなし)…40g
レモン皮(国産)
または柚子皮(せん切り)…5g

作り方

❶切干大根は水(分量外)で戻す。大根は5mmのせん切りにする。にんじん、きゅうりは2mmのせん切りにする。
❷切干大根、大根、にんじん、きゅうりをポリ袋に入れ、塩をふって少しもむ。
❸水分が出てきたら袋の上から軽く絞り、水分は捨てる。
❹Aを混ぜて3に加え、枝豆、レモン皮(または柚子皮)を加えて空気を抜き、袋の口をしっかりとじる。
❺半日～1日冷蔵庫でねかせる。

目的に合わせて栄養、食事を調整する

競技に有利な身体づくりのために、トレーニングとともに食事に気を遣うことは欠かせません。ここではアスリートがもつ目的を8つ取り上げ、それぞれの栄養、食事のポイントを提案しています。具体的なメニューは146ページから紹介します。

レシピ→p.146～

増量、筋力アップ

・筋力トレーニングが増えるため、運動量に見合った食事量を確保する
・筋肉の修復、合成のための材料となるたんぱく質を摂る
・エネルギー源と体たんぱく質の分解を抑えるための十分な糖質を摂る
・低脂質でその他の栄養が充実した食材を選ぶ

レシピ→p.150～

持久力アップ

・エネルギー源である糖質を多く含む食品（ご飯等）を摂る
・糖質のエネルギー代謝をアシストするビタミンB_1もしっかりと摂る
・筋疲労回復、貧血予防を助けるたんぱく質とビタミンB_1が多い肉、魚、卵、大豆・大豆製品なども食事にとり入れる

レシピ→p.154～

試合前

・エネルギーを絶やさないため糖質と、糖質を燃やす際に必要となるビタミンB_1を確保する
・長時間の試合の場合、合間に栄養補給をとり入れる。糖質が豊富、低脂質で消化がよい、補食は持ち運びしやすい形状などを考慮
・暑い季節の弁当や補食は、衛生面に注意を。食材はよく火を通す、弁当箱に保冷剤を添えるなど

レシピ→ p.162 ～

リカバリー

・運動後速やかに栄養補給を行う
・食欲低下時は、酸味やうまみをきかせる、薬味を使用するなどの食べやすくする工夫を
・丼ものや麺類にすると一品でたくさんの栄養が摂れ、食べやすい
・水分やミネラルを補給でき、消化が早いメニューをとり入れる。例：汁物、スープ、煮物、鍋物など

レシピ→ p.158 ～

減量

・食事量を変えずに、たんぱく質、炭水化物、ビタミン、ミネラルをしっかりと確保し、低脂質にする
・食材の選択、調理法の工夫などで低脂質を心がける
・見た目で満足できる食事にする。例：野菜、海藻、きのこなどをたくさん使ってボリュームや皿数を増やすなど
・口さみしい時は栄養素密度が高い食品を補食としてとり入れてもよい

レシピ→ p.166 ～

コンディションキープ

・たんぱく質とビタミンAを摂る。たんぱく質は免疫機能のある抗体の材料。ビタミンAは皮膚と粘膜を健康に保ち、細菌やウイルスの侵入を防ぐ
・体調不良に陥る人は、主菜と副菜が不足していることが多い。バランスのよい食事を心がけ、毎日肉、魚、卵、大豆･大豆製品と緑黄色野菜を摂り、たんぱく質とビタミンを補給する

レシピ→ p.174 ～

風邪予防・改善

・たんぱく質、ビタミンA、ビタミンCを意識して摂る。いずれも免疫力をキープして身体を守る役割がある
・風邪をひいてしまった場合は症状に合わせて口にできるものを。おかゆやスープ、うどんなどが食べやすい
・粘膜や消化器官への影響を考慮して、消化がよいことと、薄味を心がける

レシピ→ p.170 ～

貧血予防・改善

・トレーニング量に対して適切な量（少ない場合が多い）と栄養バランスの整った食事を摂る
・たんぱく質、鉄、ビタミンCをとくに意識して摂る。アレルギーでない限り、栄養の吸収がよい肉類がおすすめ。脂質が少ない赤身を選ぶと、なおよい

増量・筋力アップ

アスリートの場合の「増量」の多くは、パフォーマンスの向上を目標として筋力アップし、身体を大きくすること。

適切なトレーニング、運動量に見合った**食事量の確保**、筋肉の修復・合成の材料となる**たんぱく質**、エネルギー源となり結果的に体たんぱく質の分解を抑える**糖質**を十分に摂ります。

豚肉のキムチ炒め

豚肉のビタミンB_1が、糖質をスムーズにエネルギーに！
キムチの風味でご飯がしっかりすすみます。

材料（2人分）

	豚肩ローススライス肉	160g
	にら	1/3束（30g）
	白菜キムチ	120g
	大豆もやし	1/3袋（60g）
	ごま油	小さじ2（8g）
A	しょうゆ	小さじ2（12g）
	酒	小さじ2（10g）
	砂糖	小さじ2（6g）
	おろしにんにく	小さじ1（5g）
	塩	少々

作り方

❶豚肉は3㎝幅に切る。にらは3㎝長さに切る。
❷フライパンにごま油を入れて強火で熱し、豚肉を炒める。
❸豚肉の色が白みがかったら、白菜キムチ、大豆もやし、にらを加え、しんなりするまで炒める。
❹Aを混ぜ合わせて3に加え、絡ませる。

1食分の栄養

エネルギー／307㎉
炭水化物／10.8g
たんぱく質／17.3g
脂質／20.1g

献立メニュー例

（主菜）豚肉のキムチ炒め

●（主食）白ご飯／250g ●（副菜）鶏肉入りひじき煮（→p.141）／1食分 ●（乳製品）牛乳／200 ㎖ ●（果物）キウイフルーツ（緑）／1個 ●（汁物）豆腐とわかめのみそ汁

献立例1食分の栄養

エネルギー／1132 ㎉
炭水化物／152.7g
たんぱく質／43.0g
脂質／37.3g

簡単ポークストロガノフ

ルーや生クリーム、バター不使用で低脂質！

【1食分の栄養】エネルギー／314kcal　炭水化物／20.3g　たんぱく質／21.4g　脂質／16.2g

材料（2人分）

豚もも薄切り肉	180g
玉ねぎ	1/2個（100g）
まいたけ	1パック（100g）
サラダ油	大さじ1（13g）
薄力粉	大さじ1（8g）
水	150mℓ
コンソメ（顆粒）	小さじ1（2g）
ケチャップ	大さじ3（45g）
ウスターソース	大さじ1と1/2（24g）
塩、こしょう	各少々
牛乳	大さじ2（30g）

作り方

1. 豚肉は食べやすい大きさに切る。玉ねぎは薄切りにする。まいたけはほぐす。
2. フライパンにサラダ油を熱し、豚肉を炒める。
3. 肉の色が変わったら、玉ねぎとまいたけを加えてしんなりするまで炒める。
4. 薄力粉を加えて炒める。
5. 分量の水とコンソメを加え、弱火で2分煮る。
6. とろみがついたら、ケチャップとウスターソースを加えて混ぜる。塩、こしょうで味を調え、牛乳を加えて混ぜる。器に盛り、好みで刻んだイタリアンパセリ（分量外）を散らす。

ポークストロガノフの献立メニュー例

（主菜）簡単ポークストロガノフ／1食分

●（主食）白ご飯／250g　●（副菜）温野菜サラダ（→p.140）／1食分　●（乳製品）牛乳／200mℓ　●（果物）キウイフルーツ（緑）／1個

献立例1食分の栄養

エネルギー／1024kcal
炭水化物／149.0g
たんぱく質／39.6g
脂質／29.4g

シンガポールチキンライス

鶏むね肉は高たんぱく・低脂質な食材の代表！

【1食分の栄養】エネルギー／795kcal　炭水化物／134.6g　たんぱく質／45.5g　脂質／4.3g

材料（2人分）

鶏むね肉 …… 大1枚（300g）

A　塩…小さじ1（5g）、砂糖…小さじ1（3g）、酒…大さじ1（15g）

ぶなしめじ …… 1/2パック弱（40g）

米 …… 2カップ（360mℓ）

鶏ガラスープの素 …… 小さじ2（6g）

ミックスベジタブル（冷凍）…… 80g

B　長ねぎ（みじん切り）…1/2本分（50g）、おろししょうが…小さじ2（10g）、ぽん酢しょうゆ…大さじ2（36g）、豆板醤…小さじ1/2（3g）、砂糖…小さじ2（6g）

作り方

1. 鶏肉は皮を取り、Aをすり込み10分ほどおいておく。しめじは石づきを取り、ほぐす。
2. 炊飯器に洗った米を入れて2合の目盛まで水を加え、鶏ガラスープの素、凍ったままのミックスベジタブル、しめじを入れて軽く混ぜ、鶏肉を入れて炊く（3合炊き以上の炊飯器を使用。3合炊きの場合、ミックスベジタブルは解凍しておき、炊きあがりに混ぜる）。
3. Bを合わせてたれを作る。
4. 2が炊きあがったら鶏肉を取り出し、ライス全体をよく混ぜる。鶏肉はそぎ切りにする。
5. 器に4を盛り、鶏肉に3をかける。好みでパクチー（分量外）を添える。

シンガポールチキンライスの献立メニュー例

（主食兼主菜）シンガポールチキンライス／1食分

●（副菜）ちくわとピーマンの炒め物（→p.143）／1食分　●（乳製品）ヨーグルト／120g●（果物）グレープフルーツ（黄）／1/3個　●（汁物）豆腐とわかめのみそ汁

献立例1食分の栄養

エネルギー／1039kcal
炭水化物／162.2g
たんぱく質／59.6g
脂質／13.7g

持久力アップ

エネルギー源の**糖質**を多く含むご飯、パン、麺類などの穀類や果物などと、糖質のエネルギー代謝をアシストする**ビタミンB_1**もしっかりと摂ります。筋疲労回復、貧血予防を助ける**たんぱく質**が多い肉、魚、卵、大豆・大豆製品なども食事にとり入れます。

そうめんチャンプル

そうめんの糖質、豚肉のビタミンB_1でスタミナアップ。豚肉はヒレを使うとよりビタミンB_1がアップします。

材料（2人分）

そうめん	3束（150g）
豚ももスライス肉	260g
玉ねぎ	1個（180g）
にら	1/2束（50g）
トマト	1個（150g）
ごま油	大さじ1（13g）
めんつゆ（3倍濃縮）	大さじ4（72g）
中華だしの素	小さじ1（3g）
糸削り節	3g

作り方

1. そうめんをたっぷりのお湯でゆで、ザルにあけ、冷水で冷やしておく。
2. 豚肉は一口大に切る。玉ねぎは薄切りにする。にらは4〜5㎝幅に切る。トマトは小さめの乱切りにする。
3. フライパンにごま油を入れて火にかけ、豚肉を炒める。
4. 豚肉に火が通ったら玉ねぎ、にら、トマトを加えて炒める。
5. 野菜に火が通ったら、水に通してほぐしたそうめんを加える。
6. めんつゆ、中華だしの素を加え、まんべんなく味がついたら糸削り節を加えてさっと混ぜる。

1食分の栄養

エネルギー／614㎉
炭水化物／66.0g
たんぱく質／37.4g
脂質／20.4g
ビタミンB_1／1.39㎎

献立メニュー例

(主食兼主菜) そうめんチャンプル

●(副菜) あさり入り切干大根煮(→p.142) /1食分 ●(乳製品) 牛乳/200 mℓ ●(果物) グレープフルーツ (ピンク) /1/3個

献立例1食分の栄養

エネルギー/911 kcal
炭水化物/96.1g
たんぱく質/55.4g
脂質/32.8g

豆腐入りガパオライス

鶏むね肉と豆腐を使った高糖質・高たんぱく質なガパオライス。ビタミンB_1も豊富です！

【1食分の栄養】エネルギー／976㎉　炭水化物／122.0g　たんぱく質／41.0g　脂質／32.0g　ビタミンB_1／0.42㎎

材料（2人分）

木綿豆腐……1丁（300g）
玉ねぎ……1/5個（40g）
ミニトマト……3個（30g）
豆苗……1/2パック（60g）
オリーブ油……大さじ2弱（24g）
鶏むねひき肉（皮なし）……100g
A　しょうゆ（あればナンプラー）…大さじ1（18g）
　　オイスターソース……大さじ1（19g）
卵……2個（100g）
ご飯（温かいもの）……500g
発芽玄米ご飯（温かいもの）……100g
バジルソース（市販）…大さじ1強（30g）

作り方

1. 豆腐はザルにのせて水きりする。玉ねぎは薄切りにする。ミニトマトはヘタを取り、半分に切る。豆苗はざく切りにする。
2. フライパンにオリーブ油を入れて熱し、鶏肉を炒め、だいたい火が通ったら豆腐も加えてさらに炒める。
3. 肉と豆腐に火が通ったら玉ねぎ、ミニトマト、豆苗を加え、Aで味を調える。
4. フライパンにサラダ油（分量外）を熱し、卵を割り入れ、目玉焼きにする。
5. ご飯と発芽玄米ご飯を混ぜ、器に盛り、3を盛る。バジルソースをかけ、目玉焼きを添える。

ガパオライスの献立メニュー例

（主食兼主菜）豆腐入りガパオライス／1食分

●（副菜）あさり入り切干大根煮（→p.142）／1食分　●（乳製品）ヨーグルト／120g　●（果物）キウイフルーツ（緑）／1個

献立例1食分の栄養

エネルギー／1221㎉
炭水化物／151.8g
たんぱく質／56.5g
脂質／40.4g

バナナパンケーキ

高糖質のパンケーキにバナナを混ぜて、エネルギー源の糖質をアップ！

【1食分の栄養】エネルギー／848kcal　炭水化物／116.8g　たんぱく質／20.8g　脂質／35.0g　ビタミンB_1／0.47mg

材料（2人分）

ホットケーキミックス……1袋（200g）
卵……1個（50g）
牛乳……3/4カップ（150ml）
バナナ……2本（180g）
サラダ油……小さじ1（4g）
ベーコン……4枚（80g）
ミニトマト……4個（40g）
アボカド……1/2個（60g）
リーフレタスミックス……1/4袋（30g）
好みでメープルシロップ……大さじ2（40g）

作り方

1. ボウルにホットケーキミックス、溶いた卵、牛乳、つぶしたバナナを加え、粉っぽさがなくなるまでだまができないように混ぜ合わせる。
2. フライパンにサラダ油を薄くぬり、火にかける。
3. フライパンが温まったら1の1/4量を流し入れ、弱火で2～3分加熱する。
4. 表面にぷつぷつと穴があいてきたら裏返し、1～2分焼く。残り3枚も同様に焼く。
5. フライパンでベーコンをカリカリに焼く。
6. 皿にパンケーキをのせ、ミニトマト、スライスしたアボカド、ベーコン、リーフレタスミックスを添える。好みでメープルシロップをかける。

バナナパンケーキの献立メニュー例

（主食兼主菜）バナナパンケーキ／1食分

●（副菜）ちくわとピーマンの炒め物（→p.143）／1食分　●（乳製品）牛乳／200ml　●（果物）グレープフルーツ（ピンク）／1/3個

献立例1食分の栄養

エネルギー／1105kcal
炭水化物／144.8g
たんぱく質／33.1g
脂質／46.4g

試合前

最高のパフォーマンスと集中力を発揮するためには、エネルギー源の**糖質**と、糖質の燃焼をサポートする**ビタミンB_1**を確保。試合が長い時間かかる場合は、合間に栄養補給をとり入れましょう。

おにぎらず

豚肉は糖質のエネルギー代謝を助けるビタミンB_1が豊富！食べやすくて栄養バランスも満点。

1食分の栄養
エネルギー／833kcal
炭水化物／121.4g
たんぱく質／30.5g
脂質／23.3g
ビタミンB_1／0.36mg

焼き肉入り

材料（2人分）

牛こま切れ肉 … 120g
焼き肉のたれ … 大さじ1強（20g）
白いりごま …… 小さじ1（3g）
サラダ油 … 大さじ1弱（10g）
にんじん（短冊切り）……… 1/3本（60g）
焼きのり … 2枚（6g）
ご飯 …………… 300g
サニーレタス ………… 1枚（10g）

作り方

1. 牛肉は一口大に切り、焼き肉のたれとごまを入れたたれに5分ほどつけ込む。サラダ油で炒めて冷ましておく。にんじんはゆでて冷ましておく。
2. ラップの上にのりを置き、ご飯の1/4量をのせ、12㎝四方の正方形に広げる。
3. ご飯の上にちぎったサニーレタス、牛肉、にんじんの順にのせ、同量のご飯をかぶせる。同様にもうひとつ作る。
4. のりで全体をくるむように、ラップごと包む。のりとご飯がなじんだらラップを外し、半分に切って器に盛る。

しょうが焼き入り

材料（2人分）

サラダ油 …. 大さじ1弱（10g）
A　玉ねぎ（薄切り）….1/5個（40g）、にんじん（せん切り）….1/10本（20g）、ピーマン（せん切り）….1/2個（20g）
豚ロースしょうが焼き用肉 ……… 40g
B　しょうゆ….小さじ1（6g）、酒….小さじ1/2（2g）、砂糖….少々（1g）、しょうが汁….少々（1g）
焼きのり … 2枚（6g）
ご飯 …………… 300g

作り方

1. フライパンにサラダ油の半量を熱してAを炒め、皿にとる。
2. フライパンに残りのサラダ油を入れ、豚肉を焼き、混ぜておいたBを入れて絡め、取り出して冷ます。
3. 1をフライパンに戻してたれを絡め、冷ます。
4. 焼き肉入りの2と同様にのりにご飯をのせて広げ、3を敷き、2をのせて、残りのご飯をかぶせて包み、カットして器に盛る。

献立メニュー例

（主食兼主菜）おにぎらず（焼き肉・しょうが焼き）
●（副菜）ちくわとピーマンの炒め物（→p.143）／1食分　●（乳製品）ヨーグルト／120g　●（果物）オレンジジュース／200㎖　●（汁物）じゃがいもと玉ねぎのみそ汁

献立例1食分の栄養

エネルギー／1122㎉　炭水化物／166.5g
たんぱく質／43.1g　脂質／30.9g

だし焼きうどん

さっぱりとして食べやすい焼きうどん。たくさんの具材を一品で摂ることができます！

【1食分の栄養】エネルギー／641㎉　炭水化物／64.9g　たんぱく質／22.1g　脂質／29.6g　ビタミンB1／0.34㎎

材料（2人分）

にんじん……1/4本（50g）
豚ばらスライス肉……80g
小松菜……1/3袋（60g）
卵……2個（100g）
うどん（ゆで）……2玉（460g）
ごま油……小さじ4（16g）
A　めんつゆ（3倍濃縮）……大さじ1（18g）
　しょうゆ……小さじ2（12g）
　一味唐辛子、こしょう……各2ふり
削り節……1g

作り方

1. にんじんは短冊切りにする。豚肉は5㎝幅に切る。小松菜は3㎝長さに切る。うどんは水を通してほぐしておく。
2. フライパンを中火で熱し、ごま油小さじ2を入れてにんじんを炒める。油が回ったら、豚肉を加えて炒め、火が通ったら、小松菜、溶いた卵の順に炒め、器にあける。
3. 2のフライパンにごま油小さじ2を加え、うどんと炒めた具材を入れて軽く合わせる。
4. Aを加え、うどんに火が通るまで炒める。
5. 器に盛り、削り節をかける。

だし焼きうどんの献立メニュー例

（主食兼主菜）だし焼きうどん／1食分

●（乳製品）ヨーグルト／120g　●（果物）グレープフルーツ（ピンク）／1/3個　●（主菜兼汁物）とろける豆腐鍋（→p.174）／1食分

献立例1食分の栄養

エネルギー／1082㎉
炭水化物／93.5g
たんぱく質／48.6g
脂質／54.2g

ずんだもちと生ハムもち

消化がよいので試合の日の主食や補食向き。

【1食分の栄養】エネルギー／1031㎉　炭水化物／139.5g　たんぱく質／45.6g　脂質／31.1g　ビタミンB_1／0.94㎎

ずんだもち

材料（1人分）

- 切りもち……2個（100g）
- 枝豆（冷凍さやつき）……250g
- 牛乳……大さじ2（30g）
- はちみつ……大さじ1（21g）
- 片栗粉……小さじ2（6g）

作り方

1. 切りもちは2㎝角に切る。
2. 枝豆を解凍し、さやから出し、豆の薄皮をむいて大きめの耐熱ボウルに入れる。
3. 2に牛乳大さじ1、はちみつを加えてラップをし、電子レンジで7分加熱する。
4. 3が熱いうちに木べらなどで粗くつぶし、1と残りの牛乳を加えラップをして電子レンジで1分30秒加熱する。
5. 木べらで4を全体によく混ぜる。
6. 5を片栗粉を敷いたバットに取り出し、粗熱が取れたら等分し形を整える。

生ハムもち

材料（1人分）

- 切りもち……2個（100g）
- 生ハム……50g
- スライスチーズ（とろけるタイプ）……2枚（36g）
- 粗びき黒こしょう……適量

作り方

1. 切りもちは2㎜の薄さに切る。オーブンシートに並べ、生ハム、スライスチーズをのせる。
2. 1をオーブントースターで加熱し、もちがやわらかくなり、チーズがとろけてきたら（電子レンジの場合は、合計1分30秒を目安に様子を見ながら加熱）器に盛り、こしょうをかける。

もちの献立メニュー例

（主食兼主菜）ずんだもちと生ハムもち／1食分

●（副菜）カラフルきんぴられんこん（→p.141）／1食分　●（乳製品）牛乳／200㎖　●（果物）キウイフルーツ（緑）／1個

献立例1食分の栄養

エネルギー／1319㎉　炭水化物／175.6g
たんぱく質／54.7g　脂質／43.3g

減量

アスリートの「減量」の目標は、筋力をキープしつつ体脂肪をダウンさせること。食事の理想は、量を変えずに質を変えることで、栄養素密度の高い食品をとり入れて**低脂質**に抑え、**たんぱく質**、**糖質**、**ビタミン**、**ミネラル**を確保します。見た目で満足できるようボリュームを出す工夫も大切。

和風カレー&雑穀入りご飯

ルウを使わず
脂質をカットし、
だしでうまみをアップ！
こんにゃく、根菜で、
カロリーダウンしても
食べ応え十分。

材料（2人分）

- 米 …… 1と1/4カップ（225㎖）
- 雑穀米 …… 1/8カップ（23㎖）
- 鶏ひき肉 …… 40g
- こんにゃく …… 1/8枚（40g）
- れんこん …… 1/6節（40g）
- にんじん …… 1/5本（40g）
- 大根 …… 1/20本（40g）
- ぶなしめじ …… 1/10パック（10g）
- サラダ油 …… 小さじ1と1/2（6g）
- A カレー粉 …… 大さじ3（18g）
-   薄力粉 …… 大さじ2（18g）
- B しょうゆ・みりん …… 各大さじ1（各18g）
- 和風だし汁 …… 600㎖

作り方

1. 米を洗い、炊飯器に雑穀米と水適量（分量外）を入れ、炊く。
2. こんにゃくは2㎝角に切る。
3. れんこん、にんじん、大根は乱切りにする。しめじは石づきを取り、ほぐす。
4. 鶏ひき肉とこんにゃくを油で炒め、火が通ったら3を加えて炒める。
5. 野菜に油が回ったら、Aを加えて炒め、Bとだし汁を入れて30分ほど煮込む。
6. 器に1を盛り、5をかける。

1食分の栄養

エネルギー／597㎉
炭水化物／111.4g
たんぱく質／15.5g
脂質／8.2g
レチノール当量／165μg

献立メニュー例

（主食兼主菜）和風カレー＆雑穀入りご飯
●（副菜）ダブル大根なます（→p.143）／1食分　●（乳製品）低脂肪乳／200㎖　●（果物）グレープフルーツ（ピンク）／1/3個

献立例1食分の栄養

エネルギー／869kcal
炭水化物／139.7g
たんぱく質／29.5g
脂質／12.2g

きのこたっぷり和風パスタ

うまみが強く歯ごたえのあるきのこでボリュームアップ。

【1食分の栄養】エネルギー／450kcal　炭水化物／56.9g　たんぱく質／25.9g　脂質／14.3g　レチノール当量／323μg

材料（2人分）

スパゲティ……120g
豆苗……1パック（100g）
エリンギ……1パック（100g）
まいたけ……1パック（100g）
玉ねぎ……1/2個（100g）
にんじん……1/6本（30g）
サラダチキン……1パック（100g）
オリーブ油……大さじ1と1/3（16g）
めんつゆ（3倍濃縮）……大さじ1と2/3（30g）
バター……8g

作り方

1. スパゲティは1％の塩（分量外）を加えた湯でゆでる。ゆであがりの1分前に根元を切り落とした豆苗を加え、ザルにあげる。ゆで汁は1人分50mℓほどとっておく。
2. エリンギ、玉ねぎは5mm厚さに切る。まいたけはほぐす。にんじんは5mm厚さの短冊切りにする。
3. サラダチキンはほぐす。
4. フライパンにオリーブ油を入れ、2を軽く炒め、しんなりしてきたら3を加えて炒める。
5. 4に1のパスタと豆苗、ゆで汁、めんつゆを加えて炒め合わせる。火を止めてバターを加え、全体をかき混ぜて仕上げる。

和風パスタの献立メニュー例

（主食）きのこたっぷり和風パスタ／1食分

●（主菜）キャベツと肉のミルフィーユ（→p.166）／0.7食分　●（乳製品）低脂肪乳／200mℓ　●（果物）グレープフルーツ（ピンク）／1/3個

献立例1食分の栄養

エネルギー／780kcal
炭水化物／88.4g
たんぱく質／48.9g
脂質／27.0g

キャベツとにんじんのたっぷりサンド

野菜は塩もみしてかさを減らし、ハムや卵と一緒にたっぷりサンド！

【1食分の栄養】エネルギー／469kcal　炭水化物／63.0g　たんぱく質／21.1g　脂質／14.8g　レチノール当量／306μg

材料（2人分）

- 卵 …… 1個（50g）
- キャベツ …… 1枚（70g）
- にんじん …… 1/3本（60g）
- 塩 …… 小さじ1（5g）
- 酢 …… 小さじ1（5g）
- 粒マスタード …… 小さじ2（10g）
- 食パン（6枚切り）…… 4枚（240g）
- ボンレスハム …… 2枚（40g）
- スライスチーズ …… 2枚（36g）

作り方

1. 固めのゆで卵を作り、殻をむいてスライスする。
2. キャベツ、にんじんはせん切りにし、軽く塩もみする。
3. 2をそれぞれ絞って水気をきり、粒マスタードと酢の半量ずつで和える。
4. 食パンに3、ハム、チーズ、1をサンドして完成。

サンドイッチの献立メニュー例

（主食兼主菜）キャベツとにんじんのたっぷりサンド／1食分

●（副菜）鶏肉入りひじき煮（→p.141）／1食分　●（乳製品）低脂肪乳／200mℓ　●（果物）グレープフルーツ（黄）／1/3個

献立例1食分の栄養

エネルギー／761kcal
炭水化物／105.8g
たんぱく質／37.1g
脂質／22.9g

リカバリー

スムーズなリカバリーには、運動後の速やかな栄養補給が大切。疲労が強く、食欲が低下している時は酸味やうまみをきかせたり、薬味を使用したりすると食欲をそそります。

一品で栄養が摂れる丼ものや麺類、**水分**を補給できる汁物もおすすめ。消化器官も疲労しているので**消化がよい**メニューにしましょう。

スタミナまぐろ丼

たんぱく質豊富なまぐろをごはんがすすむ焼き肉だれで！食欲が低下している時でも食べやすいメニューです。

材料（2人分）

まぐろ刺身用……160g
焼き肉のたれ……大さじ2と1/2（40g）
ご飯（温かいもの）……500g
すし酢……大さじ2（30g）
にら……2本（10g）
焼きのり……1枚（3g）
白いりごま……適量

作り方

❶まぐろの刺身は焼き肉のたれに漬け込む（30分〜1時間）。
❷温かいご飯にすし酢を混ぜ、冷ましておく。
❸にらは細かく刻む。
❹2を丼に盛り、のりをちぎって敷く。1のまぐろを並べて盛る。3とごまを散らす。

1食分の栄養

エネルギー／579kcal
炭水化物／100.1g
たんぱく質／29.3g
脂質／4.0g

献立メニュー例

（主食兼主菜）スタミナまぐろ丼

●（副菜）あさりの鉄分スンドゥブ（→p.173）／1食分　●（乳製品）ヨーグルト／120g　●（果物）グレープフルーツ（黄）／1/3個

献立例1食分の栄養

エネルギー／1004㎉
炭水化物／129.3g
たんぱく質／61.0g
脂質／21.2g

鮭ちらし寿司

食べやすい酢飯に、鮭、プロセスチーズで、たんぱく源も摂れる一品。

【1食分の栄養】エネルギー／693kcal　炭水化物／124.0g　たんぱく質／20.6g　脂質／10.1g

材料（2人分）

きゅうり ………… 1/6本（25g）
プロセスチーズ（切れているもの） ………… 2切れ（20g）
青じそ ………… 1枚
ご飯（温かいもの） ………… 600g
すし酢 ………… 大さじ4（60g）
白いりごま ………… 小さじ2（6g）
鮭フレーク ………… 50g

作り方

1. きゅうりは輪切りにし、塩もみし、水気をきる(塩は分量外、適量)。チーズは5mm角に切る。青じそはせん切りにする。
2. ご飯にすし酢、ごまを加え、混ぜ合わせる。
3. 2の粗熱がとれたら1のきゅうりとチーズを加え、混ぜ合わせる。
4. 3を器に盛り、鮭フレーク、青じそをのせる。

鮭ちらし寿司の献立メニュー例

（主食）鮭ちらし寿司／1食分

●（主菜）豚肉のキムチ炒め（→p.146）／0.7食分　●（副菜）簡単にんじんしりしり（→p.142）／1食分　●（乳製品）ヨーグルト／120g　●（果物）オレンジジュース／200mℓ　●（汁物）豆腐とわかめのすまし汁

献立例1食分の栄養

エネルギー／1180kcal
炭水化物／165.7g
たんぱく質／45.1g
脂質／35.0g

ライスギョウザ

ギョウザの皮とご飯の糖質、豚肉のたんぱく質とビタミンB_1などで、速やかにリカバリー！

【1食分の栄養】エネルギー／588kcal　炭水化物／80.6g　たんぱく質／23.2g　脂質／16.4g

材料（2人分）

にら	約1/2束（40g）
ごま油	小さじ1（4g）
豚ひき肉	70g
卵	2個（100g）
ご飯	200g
塩	少々（2g）
おろししょうが	少々（1g）
しょうゆ	小さじ1（6g）
ギョウザの皮(大判)	20枚（147g）

作り方

1. にらは1cm長さに切る。
2. 熱したフライパンにごま油を入れ、豚肉、卵、ご飯、にらを順に加えてそのつど炒める。
3. 塩、おろししょうが、しょうゆを加えて味を調え、チャーハンにする。
4. 3をギョウザの皮で包み、油（分量外適量）をひいたフライパンに入れて中火にかける。
5. 水1/4カップ（分量外）を注いで蓋をし、水がなくなるまで蒸し焼きにする。蓋を外し、焼き目がついたらできあがり。

ライスギョウザの献立メニュー例

（主食）ライスギョウザ／1食分

●（主菜）鶏チャーシューと味つけ卵（→p.139）／1食分　●（副菜）温野菜サラダ（→p.140）／1食分　●（乳製品）ヨーグルト／120g　●（果物）グレープフルーツ（黄）／1/3個　●（汁物）豆腐とわかめのみそ汁

献立例1食分の栄養

エネルギー／1140kcal
炭水化物／123.5g
たんぱく質／78.5g
脂質／34.2g

コンディションキープ

コンディションキープはとくに**たんぱく質**と**ビタミンA**がポイント。
たんぱく質は筋肉に働くだけでなく免疫機能のある抗体の材料。
ビタミンAは皮膚と粘膜を健康に保ち、細菌やウイルスの侵入を防ぎます。
肉、魚、卵、大豆・大豆製品と、緑黄色野菜を毎日欠かさず食べましょう。

キャベツと肉のミルフィーユ

油を使わない
蒸し煮なので低脂質。
ビタミンAたっぷりの
野菜炒めと合わせて
栄養バランスアップ！

材料（2人分）

にんじん	1/2本（100g）
玉ねぎ	1/4個（45g）
キャベツ	大1/4個（200g）
豚ひき肉	150g
卵	1個（50g）
パン粉	大さじ2（6g）
塩	少々
こしょう	少々
水	300㎖
コンソメ（固形）	1個（5g）

作り方

1. にんじん、玉ねぎはみじん切りにする。
2. キャベツは葉を1枚ずつ分ける。
3. 厚手のポリ袋に豚ひき肉、1、卵、パン粉、塩、こしょうを入れて口を軽く閉じる。ひき肉に粘り気が出て白っぽくなるまで袋の外側からもむ。
4. フライパンの底面にキャベツの1/4量を敷く。キャベツの上に3の1/3量をのせて広げる。
5. キャベツ→タネの順番に重ねる（最後はキャベツになる）。
6. 水とコンソメを加えて蓋をし、弱火で20分煮る。切り分け、器に盛る。

1食分の栄養

エネルギー／279㎉
炭水化物／14.8g
たんぱく質／20.1g
脂質／15.0g
レチノール当量／416μg

献立メニュー例

（主菜）キャベツと肉のミルフィーユ

●（主食）雑穀入りご飯／250g　●（副菜）トマトと卵の野菜炒め（→p.168）／1食分　●（乳製品）牛乳／200㎖　●（果物）キウイフルーツ（緑）／1個　●（汁物）豆腐とわかめのすまし汁

献立例1食分の栄養

エネルギー／1133㎉　炭水化物／139.7g
たんぱく質／46.3g　脂質／41.5g

トマトと卵の野菜炒め

緑黄色野菜を油で加熱することで、野菜に含まれるビタミンAの吸収率がアップ。

【1食分の栄養】エネルギー／202㎉　炭水化物／8.5g　たんぱく質／7.3g　脂質／15.4g　レチノール当量／308μg

材料（2人分）

にんじん	1/4本（50g）
ピーマン	1個（50g）
トマト	大1個（200g）
卵	2個（100g）
塩	少々
ごま油	小さじ4（16g）
鶏ガラスープの素	小さじ1（3g）

作り方

1. にんじんは短冊切りにする。ピーマンは乱切りにする。トマトは一口大に切る。
2. 卵は溶き、塩を加え混ぜる。
3. フライパンを熱し、ごま油小さじ2を入れ、2を流し入れてさっと混ぜ、半熟になったら器に移す。
4. フライパンに残りのごま油を入れ、にんじんを炒める。火が通ったら、ピーマン、トマトの順で加え、鶏ガラスープの素で味つけする。
5. 3の卵を戻し、さっと混ぜ合わせる。

トマトと卵の野菜炒めの献立メニュー例

→p.167と同様。

野菜たっぷりえびチヂミ

たんぱく質とビタミンAがしっかりと補給できます。

【1食分の栄養】エネルギー／400kcal　炭水化物／50.0g　たんぱく質／24.4g　脂質／11.2g　レチノール当量／305μg

材料（2人分）

えび（むき身）……120g
にら……2/3束（60g）
玉ねぎ……中1/2個（80g）
にんじん……1/5本（40g）
エリンギ……小1/2本（40g）
チヂミ用の粉……300g
水……適量
卵……2個（100g）
サラダ油……小さじ1（4g）
ごま油（仕上げ＋たれ用）…小さじ1（4g）
ぽん酢しょうゆ……大さじ1と2/3（30g）
白いりごま……適量

作り方

1. えびは小さめの一口大に切る。にらは3㎝長さに切る。玉ねぎは薄切りにする。にんじん、エリンギはせん切りにする。
2. チヂミ用の粉は、商品の説明に従い適量の水で溶き、1、溶いた卵を入れ、混ぜる。
3. フライパンにサラダ油を熱し、2を半量入れ、中火で両面を焼く。
4. 仕上げにごま油小さじ1/3を入れ、風味をつける。残りの2も同様に焼く。
5. ぽん酢しょうゆに残りのごま油とごまを入れ、たれを作る。
6. チヂミを切り分けて器に盛り、たれを添える。

チヂミの献立メニュー例

（主菜）野菜たっぷりえびチヂミ／1食分

●（主食）おにぎらず（焼き肉入り→p.154）／1食分　●（副菜）ダブル大根なます（→p.143）／1食分　●（乳製品）ヨーグルト／120g　●（果物）グレープフルーツ（ピンク）／1/3個

献立例1食分の栄養

エネルギー／1061kcal
炭水化物／134.6g
たんぱく質／54.5g
脂質／25.5g

目的別メニューと献立

貧血予防・改善

アスリートが貧血の場合、食事量がトレーニング量に見合っていないケースや、栄養バランスの偏った食事をしているケースがあります。とくに意識して摂りたい栄養素は、**たんぱく質、鉄、ビタミンC**。たんぱく質と鉄はヘモグロビンの材料となり、ビタミンCは鉄の吸収を促します。

牛肉と野菜のビビンバ

赤身の牛もも肉はたんぱく質と鉄が豊富。ほうれん草と黄パプリカのビタミンCで鉄の吸収アップ！

材料(2人分)

黄パプリカ		大1個(150g)
牛もも薄切り肉		200g
サラダ油		小さじ1(4g)
焼き肉のたれ		大さじ2(32g)
ほうれん草		1/2束(100g)
大豆もやし		1/2袋(100g)
A	ごま油	大さじ1(12g)
	鶏ガラスープの素	少々
	塩	小さじ1/2(3g)
ご飯(温かいもの)		500g

作り方

1. パプリカは細切りにする。牛肉は一口大に切る。
2. フライパンに油を熱し、中火でパプリカ、牛肉の順で炒め、火が通ったら焼き肉のたれを全体に絡ませる。
3. 大豆もやしは流水で洗ってから耐熱容器に入れ、ふんわりとラップをし、電子レンジで1分ほど加熱する。
4. ほうれん草は流水で洗って3㎝長さにカットし、3に加えて全体にふんわりとラップをし、電子レンジで2分ほど加熱する。
5. 4をザルにあげて流水で洗い、水気をよく絞ってからボウルに移し、Aを加えてよく混ぜる。
6. ご飯を器に盛り、2と5を盛りつける。好みでコチュジャンや温泉卵(分量外)を加えてもおいしい。

1食分の栄養

エネルギー／712㎉
炭水化物／102.8g
たんぱく質／33.2g
脂質／16.3g
鉄／5.1㎎
ビタミンC／104㎎

献立メニュー例

（主食兼主菜）牛肉と野菜のビビンバ

●（副菜）簡単にんじんしりしり（→p.142）／1食分　●（乳製品）ヨーグルト／120g　●（果物）グレープフルーツ（黄）／1/3個　●（汁物）豆腐とわかめのすまし汁

献立例1食分の栄養

エネルギー／938㎉
炭水化物／125.1g
たんぱく質／45.1g
脂質／27.0g

レバー入りドライカレー

レバーをカレー味で食べやすく。ビタミンCの豊富な緑黄色野菜も一度に摂れます。

【1食分の栄養】エネルギー／679kcal　炭水化物／108.4g　たんぱく質／21.6g　脂質／15.4g　鉄／3.7mg　ビタミンC／31mg

材料（2人分）

玉ねぎ……大1/2個（120g）
にんじん……1/5本（40g）
ピーマン……大1/2個（25g）
にんにく……1かけ（4g）
鶏レバー……50g
サラダ油……小さじ1（4g）
豚ひき肉……100g
A｜カレールウ……1かけ（18g）
　｜ウスターソース…大さじ1（18g）
ご飯（温かいもの）……500g

作り方

1. 玉ねぎ、にんじん、ピーマン、にんにくはみじん切りにする。
2. レバーは、脂肪や筋を取り除き、よく洗い、熱湯でゆでた後、水気をきり、みじん切りにする。
3. 鍋に油、にんにくを入れて弱火で熱し、香りが立ったら玉ねぎ、にんじん、ピーマンを入れて中火で炒める。
4. 3に豚ひき肉と2を加えて炒める。
5. 水100mℓ（分量外）とAを加え、水気を飛ばしながら炒める。
6. 器にご飯を盛り、5を盛りつける。

ドライカレーの献立メニュー例

（主食兼主菜）レバー入りドライカレー／1食分

●（副菜）あさり入り切干大根煮（→p.142）／1食分　●（乳製品）ヨーグルト／120g　●（果物）オレンジジュース／200mℓ　●（汁物）じゃがいもと油揚げのみそ汁

献立例1食分の栄養

エネルギー／1027kcal
炭水化物／154.8g
たんぱく質／41.3g
脂質／26.0g

あさりの鉄分スンドゥブ

あさりは鉄とたんぱく質、小松菜は鉄とビタミンC、豆腐と豚肉はたんぱく質が豊富です。

【1食分の栄養】エネルギー／313㎉　炭水化物／13.7g　たんぱく質／26.5g　脂質／13.5g　鉄／15.4㎎　ビタミンC／33㎎

材料（2人分）

豚ローススライス肉……80g
小松菜……1/2袋（120g）
水……300㎖
あさり水煮……小1缶（80g）
酒……1/4カップ（50g）
白菜キムチ……80g
鶏ガラスープの素……大さじ1/2（5g）
みそ……小さじ2（12g）
しょうゆ……小さじ1（6g）
砂糖……小さじ1（3g）
絹ごし豆腐……1丁（300g）

作り方

❶豚肉は食べやすい大きさに切る。小松菜は4㎝長さに切る。
❷鍋に水300㎖を入れ、あさり水煮（汁ごと）、酒、キムチ、鶏ガラスープの素を入れて中火で1分煮る。
❸みそ、しょうゆ、砂糖を加えて混ぜる。
❹半分に切った豆腐、豚肉を加え、弱火で5分煮込む。
❺小松菜を加えて1分煮る。

スンドゥブの献立メニュー例

（主菜兼汁物）あさりの鉄分スンドゥブ／1食分

●（主食兼主菜）雑穀入りご飯／250g　●（乳製品）牛乳／200㎖　●（果物）グレープフルーツ（黄）／1/3個

献立例1食分の栄養

エネルギー／914㎉
炭水化物／124.4g
たんぱく質／42.0g
脂質／22.8g

風邪予防・改善

風邪予防に意識して摂りたいのは、たんぱく質、ビタミンA、ビタミンC。いずれも免疫力をキープし、風邪やインフルエンザなどのウイルス、菌の侵入から身体を守ります。風邪をひいた場合は症状に合わせて口にできるものを。粘膜や消化器官への影響を考慮して、消化がよく、薄味にするよう心がけましょう。

とろける豆腐鍋

具だくさんなスープ仕立てで食欲がない時も食べやすく。鶏肉と油揚げはたんぱく質が、ほうれん草とにんじんはビタミンが豊富です。

材料(2人分)

絹ごし豆腐	1/2丁(150g)
鶏むね肉	120g
油揚げ	2枚(60g)
ほうれん草	約1/2袋(100g)
れんこん	1/4節(60g)
長ねぎ	1/2本(50g)
にんじん	1/5本(40g)
鶏ガラスープの素	小さじ1(2g)
塩	少々
水	400㎖
重曹(食用)	小さじ1/2
めんつゆ(3倍濃縮)	小さじ2(12g)

作り方

❶豆腐、鶏肉は食べやすい大きさに切る。油揚げは半分に切る。ほうれん草は3㎝長さに切る。れんこんは輪切りにし、水にさらす。長ねぎは斜め切りにする。にんじんは輪切りにし、好みで型で抜く。

❷1を鍋に入れ、鶏ガラスープの素と塩を溶かした分量の水を注ぎ、蓋をして強火にかける。

❸沸騰したら弱火にし、重曹をまんべんなくふりかけ、豆腐がとろけるまで煮込む(重曹を入れると泡立ちやすいので、火加減に注意)。

❹めんつゆを回し入れ、火を止める。

1食分の栄養

エネルギー/329㎉
炭水化物/13.1g
たんぱく質/21.3g
脂質/20.9g
レチノール当量/335㎍
ビタミンC/36㎎

献立メニュー例

（主菜）とろける豆腐鍋／1食分

●（主食）おにぎり／ご飯150g　●（副菜）カラフルきんぴられんこん（→p.141）／1食分　●（果物）オレンジジュース／200㎖

献立例1食分の栄養

エネルギー／760kcal
炭水化物／102.7g
たんぱく質／27.7g
脂質／25.7g

おあげとあんかけの京風たぬきうどん

しょうがとあんかけのとろみで身体の芯から温まります。

【1食分の栄養】エネルギー／492kcal　炭水化物／56.2g　たんぱく質／23.4g　脂質／16.8g　レチノール当量／70μg　ビタミンC／19mg

チキンヌードルスープ

パスタのほかに、ビタミンA・Cが豊富な緑黄色野菜がたっぷり！

【1食分の栄養】エネルギー／123kcal　炭水化物／17.2g　たんぱく質／11.1g　脂質／1.2g　レチノール当量／179μg　ビタミンC／39mg

材料(2人分)

油揚げ……2枚（60g）
長ねぎ……大1本（120g）
ぶなしめじ……1パック（100g）
和風だし汁……800㎖
うすくちしょうゆ…大さじ2と1/2（45g）
またはしょうゆ大さじ1と1/2（27g）
みりん……大さじ2（36g）
おろししょうが……10g
うどん（ゆで）……2玉（400g）
卵……2個（100g）

作り方

❶油揚げは短冊切りにする。長ねぎは5㎝長さに斜めに切る。しめじは石づきを取り、小房に分ける。卵は溶く。
❷だし汁にうすくちしょうゆ、みりんを入れて、うどんをゆでる。
❸油揚げ、長ねぎ、しめじも加えて煮込む。
❹おろししょうがを加え、溶き卵を回し入れて仕上げる。

たぬきうどんの献立メニュー例

（主食兼主菜）おあげとあんかけの京風たぬきうどん／1食分
●（副菜）鶏肉入りひじき煮（→p.141）／1食分　●（乳製品）牛乳／200㎖　●（果物）キウイフルーツ（緑）／1個

献立例1食分の栄養

エネルギー／843㎉
炭水化物／101.5g
たんぱく質／38.4g
脂質／30.8g

材料(2人分)

玉ねぎ……1/6個（30g）
にんじん……1/5本（40g）
ぶなしめじ……1/5パック（20g）
ブロッコリー……1/3株（60g）
サラダチキン……小1パック（60g）
水……2カップ
マカロニ（早ゆでタイプ）……30g
コンソメ（顆粒）……大さじ1/2（4g）
塩……ひとつまみ（1g）
粗びき黒こしょう……適量

作り方

❶玉ねぎはくし形に切る。にんじんはいちょう切りにする。しめじは石づきを取り、小房に分ける。ブロッコリーも小房に分ける。サラダチキンは薄切りにする。
❷鍋に分量の水と野菜を入れ、中火で火が通るまで煮る。
❸サラダチキンを加え、マカロニも加える。マカロニがゆであがったらコンソメ、塩、こしょうで味を調える。

ヌードルスープの献立メニュー例

（主菜）チキンヌードルスープ／1食分
●（主食）おにぎり／ご飯150g　●（副菜）トマトと卵の野菜炒め（→p.168）／1食分　●（乳製品）牛乳／200㎖　●（果物）グレープフルーツ（ピンク）／1/3個

献立例1食分の栄養

エネルギー／757㎉
炭水化物／101.1g
たんぱく質／30.0g
脂質／25.2g

不調の時の食事①

夏バテ対策

疲労を蓄積させないよう バランスのとれた食事を意識

暑くなると食欲が減退し、そうめんなどの簡単なものや冷たいものだけで食事を済ませてしまうことも。しかし、このような**栄養バランスの悪い食事が続くと、栄養不足から体力が低下したり、疲労が蓄積され、夏バテの原因**になります。

たんぱく質とビタミンB_1が不足すると夏バテになりがちに

たんぱく質は、筋肉や血液などの材料となるだけでなく、身体が正常に働くための酵素やホルモン、免疫細胞などの構成要素でもあります。そのため不足すると夏バテの原因になります。

また、ビタミンB_1は、糖質が燃える時にオイルのような役割をする栄養素で、不足すると疲れやすくなります。ご飯やパン、麺類などの糖質の多い食品だけで食事を済ませがちな人、甘いものを頻繁に食べる人、アルコールを多飲する人はビタミンB_1不足に陥りやすくなります。**ビタミンB_1は豚肉、大豆・大豆製品などに多く含まれています。**どちらもたんぱく質も豊富に含むので、積極的に摂りましょう。

【おすすめメニュー】豚肉のしょうが炒め（137ページ）、鮭ちらし寿司（164ページ）、スタミナまぐろ丼（162ページ）

夏はより積極的な水分摂取を

食事と並んでポイントになるのが水分摂取です。暑くなるとのどが渇き、ついガブガブと飲みたくな

ります が、冷たい飲料を摂りすぎると消化液が薄まり、胃腸の働きが弱くなり、食欲低下や消化不良を起こします。かといって、水分を控えすぎても脱水を招くので、**こまめな水分補給**を心がけてください。

摂る水分の種類は、水やスポーツドリンクなど、発汗の量に合わせて適切なものを選びましょう（60ページ参照）。また、カフェインの多いお茶類や、コーヒーなどは利尿作用があり、水分を体外に出しやすくなってしまうので避けましょう。アルコールも同様に脱水を招くため控えます。

質のよい睡眠で体力を回復させる

食事以外にも、暑さに打ち勝つためには十分な睡眠での休養が必須。ですが、とくに暑くなり始める頃は、まだ身体が暑さに慣れていないため寝苦しかったり、学生の場合は夏休み中ということもあり、楽しさから夜更かしをしがちです。毎晩質の良い睡眠を心がけ、疲れをとりきる習慣をつけましょう。睡眠については76ページを参考にしてください。

食欲を増進させる料理アイデア

スパイスを使う

カレー粉や唐辛子などのピリッとしたスパイスは食欲増進に効果的。肉、魚、野菜などどんな食材にも合わせやすいので、食欲が落ちてきたと思ったらとり入れてみて。

薬味を使う

しょうがやしそなどの薬味は、さわやかな風味で暑い夏でも食が進みます。サラダ、和え物、肉料理などに使うとよりさっぱりとして量もたくさん食べやすくなります。

ネバネバ食材を使う

オクラやモロヘイヤなどの食材に含まれる「ムチン」というネバネバの成分には、胃腸の働きをサポートする効果があります。積極的にとり入れて、夏の疲れに負けない食事を。

ご飯を酢飯にする

酢飯はほどよい酸味が食べやすく、また酢には防腐作用があるので、暑い時期でも傷みにくいのが特徴。まぐろのづけをご飯にのせて丼にしたり、おかずをたくさん巻いた太巻きにしたり、パクッと食べやすい手まり寿司などは見た目にも彩りがよく、食欲をそそります。

不調の時の食事②

風邪対策

睡眠と衛生管理で風邪やインフルエンザから身を守る

風邪やインフルエンザは、体力のない人がかかりやすくなります。子どもや高齢者、病気治療中の人、そして**疲れているアスリートも患うことがあります**。食事面では、栄養バランスを意識し、とくに**たんぱく質、ビタミンA、ビタミンCが風邪予防に有効**です（おすすめメニューは174〜177ページ参照）。

ですが、**一番の予防策は、しっかり睡眠をとること**。睡眠不足だと疲労がたまり、免疫力が下がり、その結果体調を崩すことに。言い換えれば、質の良い睡眠をとっていれば、風邪をひくことはさほどありません。

また、うがいや手洗いで菌・ウイルスを寄せつけないのも効果的。外から室内に入る時は、うがいと手洗いを習慣にしましょう。

乾燥を避け身体を冷やさない生活を

乾燥も風邪の大敵。のどは乾燥すると免疫力が下がります。乾燥が気になる時は加湿器やマスクを使用したり、飴をなめて唾液を多く分泌させ、のどを潤すのもおすすめです。

また、寒くても半袖やハーフパンツ姿、もしくは風呂上がりに薄着でいるのを好む人がいますが、これもNGです。身体が冷えると免疫力が下がるうえに、**急な温度差による身体へのストレスも大きい**ので、温度に適した服装を選ぶようにしましょう。

風邪をひいてしまったら休む勇気も必要

風邪をひいてしまったら、とにかく寝て身体を休めてください。とくに風邪のひき始めは「まだ大丈夫」と無理をしがちですが、**勇気を出して休むことが回復への近道**です。また、二次感染を防ぐために、人とは極力接触しないようにしましょう。

薬を飲む場合はドーピング禁止物質が使用されていないか、専門の医師に確認しておくと安心です。さらにこまめな水分摂取（スポーツドリンク、ノンカフェインの麦茶など）を心がけ、保温・加湿をします。

消化のよい食事で身体への負担を減らす

食事は、**脂質が少なく消化のよいもの（おかゆやおじや、雑炊、煮込みうどんなど）や、体調に応じて高たんぱく質の食品（肉、卵、豆腐、白身魚など）を摂りましょう。**辛味や酸味の強い刺激物は粘膜を刺激するので避けるように。

風邪予防のための食材・栄養

ビタミンA

のど、鼻などの粘膜や皮膚を健康に保ち、免疫力を高める。

食材例

にんじん、ブロッコリー、ほうれん草、ピーマン

メニュー例

野菜たっぷりのスープ、温野菜のグラタン

ビタミン C

ウイルスや細菌と戦う白血球の働きを強化して免疫力を高める。ストレスから身体を守る。

食材例

いちご、グレープフルーツ、じゃがいも、みかん、オレンジ果汁100％ジュース、グレープフルーツ果汁100％ジュース

メニュー例

フルーツヨーグルト、サラダ

たんぱく質

身体の構成成分となる。ホルモン、酵素などの材料にもなり、免疫機能を高める。

食材例

肉、魚、卵、大豆・大豆製品

メニュー例

ちゃんこ鍋、チキンと野菜のオーブングリル

不調の時の食事③

下痢対策

ひどいときは一度絶食し徐々にもとの食事に戻す

下痢が非常に激しい場合は、**1〜2日絶食し、水分は十分に摂ります**。症状が緩和してきたら、左記のように、重湯から消化のよい食事、普段の食事へと段階をふんで戻していくとよいでしょう。

下痢が激しい時の食事

重湯（米を10倍くらいの重さの水で炊いて、ザルで漉すなどして液状にしたもの）
↓
やわらかいおかゆ（米を10倍〜20倍くらいの重さの水で炊く）
↓
かためのおかゆ（米を5倍〜10倍くらいの重さの水で炊く）
↓
やわらかいご飯、うどん、卵、豆腐、やわらかくゆでた野菜、鶏肉など（おすすめメニューはp.174〜177の風邪予防・改善レシピ）
↓
症状が緩和してきたら普段の食事に

下痢の原因を知って生活を改善する

おなかを下してしまう人は、次のような原因が考えられます。食事だけでなく、生活を見直してみて、思いあたるものを改善しましょう。

【原因1　冷え】

女性のイメージが強い身体の冷えですが、男性アスリートにも多く見られます。夏場にエアコンのききすぎた室内で薄着で過ごし、**身体を冷やして下痢になるケースが大半。また、冷たいものを飲みすぎ、身体の内側から冷やして下痢になることも**あります。

【原因2　高脂質の食事の摂りすぎ】

焼き肉やステーキなどの高脂肪メニューをたくさん食べて、おなかが緩くなる人もいます。

【原因3　食物繊維の摂りすぎ】

食物繊維が不足すると便秘になりますが、摂りすぎで下痢になることも。最近、栄養強化目的で栄養ビスケットやゼリードリンクなどに食物繊維を多く添加した商品が売られていますが、頻繁におなかをこわす人は、これらの食品の食べすぎは避けましょう。心当たりのある人は、お店で購入する際、食物繊維を謳《うた》った商品は控えたほうがよいでしょう。

【原因4　食品による刺激】

カレーなどの香辛料を多く含む料理、冷たいビールや冷酒などのアルコールの多飲、人工甘味料が添加されたカロリーオフタイプのスポーツドリンクの多飲も腸を刺激し、下痢を引き起こします。

このほか、体調を管理するうえで、漢方の考え方を意識してみても（下記参照）。寒い冬に根菜たっぷりのけんちん汁を食べたり、暑い夏に新鮮な野菜のサラダを食べるなど、自分の体質やその時の状況に応じて食品やメニューを賢く選びましょう。

COLUMN

食材で身体を温める／冷ます

漢方の世界では、食品を「身体を温める食品」と「身体を冷ます食品」に分類します。身体を温める食品は、土の下で育つ、寒い土地で育つなどの特徴があります。一方、身体を冷ます食品は土の上で育つ、暖かい土地で育つなどの傾向があります。また旬も関係していて、温める食品は秋や冬、冷ます食品は春や夏に採れるものが多いです。

身体を温める食品例

野菜　たまねぎ、にんじん、ごぼうなどの根菜類、ねぎ、にんにく、かぼちゃなど

果物　みかん、りんご、ぶどう、ももなど

身体を冷ます食品例

野菜　レタス、きゅうり、トマト、なすなど

果物　すいか、マンゴー、パパイヤ、パイナップルなど

不調の時の食事④

便秘対策

水分不足で起こる便秘は水分とともに食物繊維を摂る

便秘の大きな原因は水分不足です。その場合、**飲み物や食品から水分をしっかり摂るように意識してください。**

加えて**水分とともに、食物繊維を多く含む食品**（緑黄色野菜、ごぼう、さつまいも、大豆、ひじきなど）を積極的に食べましょう。食物繊維は便のカサを増やすなど、便通を改善する働きがあります。

【おすすめメニュー】きのこたっぷり和風パスタ（160ページ）、鶏肉入りひじき煮（141ページ）、ダブル大根なます（143ページ）。

また、白米より雑穀米や玄米のほうが食物繊維を多く含みます。そのため、日常で食べるご飯は雑穀米や玄米にし、試合前はエネルギー源となる白米を摂るといった工夫もおすすめです。便秘を解消できるとともに、大切な試合時にしっかりとエネルギーを補給することができます。

食事量が足りずに便秘になることも

ほかにも、減量で食事量を極端に減らしていると便秘になることがあります。便のカサが足りずに便秘になってしまうケースです。このような場合は、カロリーは抑えつつ、適切な食事量を摂ると便秘が解消されます。

そのほか、栄養や食事の偏りから便秘になるケースも見られます。水分や食事量の不足が当てはまらない場合、食事の内容や、一日の生活スケジュールを見直してみることをおすすめします。

便秘と下痢を繰り返す場合は過敏性腸症候群の可能性も

便秘と下痢を繰り返す症状が数ヶ月以上続くような場合は、「過敏性腸症候群」を疑ったほうがよいかもしれません。下記のチェックシートで当てはまる項目が多い人は要注意。通学・通勤電車の中など移動中に腹痛に襲われる人、授業や会議中にトイレに駆け込む人などは、一度適切な医療機関を受診することをおすすめします。

プレッシャーをやわらげる生活スタイルや食べ物を知っておく

過敏性腸症候群までいかなくても、アスリートは試合や記録会の前などにプレッシャーなどから緊張して消化器官が不調になるケースが多いです。このような不調から解放されるには、よいコンディションをキープできる生活スタイルや食べ物を自分自身が知っておくことが大事です。

過敏性腸症候群になりやすいタイプの人

- □ 生真面目で完璧主義
- □ 悩みを相談しない
- □ 人目を気にしすぎる
- □ 忙しくて休めない
- □ 生活が不規則
- □ 辛いものをよく食べる
- □ お菓子をよく食べる
- □ お酒を多く飲む
- □ 小さい頃からよくおなかをこわす

☑ チェックマークをつけてみましょう
たくさんつくほど過敏性腸症候群の可能性が高くなります。

食材別栄養素早見表

	1食あたり				
		エネルギー(kcal)	たんぱく質(g)	炭水化物(g)	脂質(g)
	茶碗1杯(150g)	252	3.8	55.7	0.5
	茶碗1杯(150g)	248	4.2	53.4	1.5
	1個(50g)	117	2.0	25.4	0.3
	6枚切り1枚(60g)	156	5.4	28.0	2.5
	1個(30g)	95	3.0	14.6	2.7
	1/4本(75g)	209	7.1	43.1	1.0
	1個(40g)	179	3.2	17.6	10.7
	1食(80g)	302	10.3	58.5	1.4
	1食(80g)	278	6.8	57.5	0.9
	1食(80g)	275	11.2	53.4	1.8
	中1個150g	114	2.7	26.0	0.2
	中1本200g	268	2.4	63.8	0.4

①主食、②主菜、③副菜、④牛乳・乳製品、⑤果物をバランスよく摂りましょう。

【① 主食になる食品】

		100g あたり			
食品名		エネルギー（kcal）	たんぱく質（g）	炭水化物（g）	脂質（g）
穀類	白米ごはん	168	2.5	37.1	0.3
	玄米ごはん	165	2.8	35.6	1.0
	もち	224	4.0	50.8	0.6
	食パン	260	9.0	46.6	4.2
	ロールパン	316	10.1	48.6	9.0
	フランスパン	279	9.4	57.5	1.3
	クロワッサン	448	7.9	43.9	26.8
	スパゲッティ（乾）	378	12.9	73.1	1.8
	うどん（乾）	348	8.5	71.9	1.1
	そば（乾）	344	14.0	66.7	2.3
いも類	じゃがいも	76	1.8	17.3	0.1
	さつまいも	134	1.2	31.9	0.2

【② 主菜になる食品】

		100g あたり			
食品名		エネルギー（kcal）	たんぱく質（g）	炭水化物（g）	脂質（g）
肉類	牛もも肉	165	19.6	0.4	8.6
	牛肩ロース肉	240	17.9	0.1	17.4
	牛ばら肉	371	14.4	0.2	32.9
	牛ひき肉	272	17.1	0.3	21.1
	豚もも肉	183	20.5	0.2	10.2
	豚ロース肉	263	19.3	0.2	19.2
	豚ばら肉	395	14.4	0.1	35.4
	豚ひき肉	236	17.7	0.1	17.2
	鶏むね肉	145	21.3	0.1	5.9
	鶏ささみ肉	109	23.9	0.1	0.8
	鶏もも肉	204	16.6	0.0	14.2
	鶏ひき肉	186	17.5	0.0	12.0

		1食あたり			
		エネルギー(kcal)	たんぱく質(g)	炭水化物(g)	脂質(g)
	2枚(40g)	47	7.5	0.7	1.6
	3本(45 g)	144	5.9	1.4	12.8
	2枚(40g)	162	5.2	0.1	15.6
	1切(100g)	133	22.3	0.1	4.1
	1切(100g)	247	20.6	0.3	16.8
	1食分(50g)	54	11.4	0.1	0.6
	10個(40g)	12	2.4	0.2	0.1
	4個(60g)	42	4.1	2.9	1.3
	1本(100g)	121	12.2	13.5	2.0
	1本(80g)	129	9.2	10.1	5.8
	1個(50g)	76	6.2	0.2	5.2
	1/3丁(100g)	62	5.3	2.0	3.5
	1パック(45g)	90	7.4	5.4	4.5
	コップ1杯(200g)	128	6.4	9.6	7.2

		1食あたり			
		エネルギー(kcal)	たんぱく質(g)	炭水化物(g)	脂質(g)
	1/3個(70g)	23	3.0	3.6	0.4
	1/2本(70g)	27	0.5	6.5	0.1
	1/3束(100g)	20	2.2	3.1	0.4
	1/2個(100g)	19	0.7	4.7	0.1
	1個(40g)	9	0.4	2.0	0.1
	1/4個(100g)	12	0.6	2.8	0.1
	葉1枚(50g)	12	0.7	2.6	0.1
	1本(100g)	14	1.0	3.0	0.1
	1/8本(100g)	18	0.5	4.1	0.1
	1パック(100g)	17	2.7	4.8	0.5
	1袋(100g)	22	2.7	7.6	0.2
	1パック(100g)	15	2.0	4.4	0.5

【② 主菜になる食品】続き

		100g あたり			
食品名		エネルギー（kcal）	たんぱく質（g）	炭水化物（g）	脂質（g）
肉加工品	ボンレスハム	118	18.7	1.8	4.0
	ウインナー	321	13.2	3.0	28.5
	ベーコン	405	12.9	0.3	39.1
魚介類	鮭	133	22.3	0.1	4.1
	さば	247	20.6	0.3	16.8
	まぐろ	108	22.8	0.2	1.2
	あさり	30	6.0	0.4	0.3
	牡蠣	70	6.9	4.9	2.2
	いか	83	17.9	0.1	0.8
	たこ	76	16.4	0.1	0.7
水産練り製品	ちくわ	121	12.2	13.5	2.0
	魚肉ソーセージ	161	11.5	12.6	7.2
卵類	鶏卵	151	12.3	0.3	10.3
大豆・大豆加工品	大豆（水煮）	140	12.9	7.7	6.7
	絹ごし豆腐	62	5.3	2.0	3.5
	納豆	200	16.5	12.1	10.0
	豆乳（調整）	64	3.2	4.8	3.6

【③ 副菜になる食品】

		100g あたり			
食品名		エネルギー（kcal）	たんぱく質（g）	炭水化物（g）	脂質（g）
野菜	ブロッコリー	33	4.3	5.2	0.5
	にんじん	39	0.7	9.3	0.2
	ほうれん草	20	2.2	3.1	0.4
	トマト	19	0.7	4.7	0.1
	ピーマン	22	0.9	5.1	0.2
	レタス	12	0.6	2.8	0.1
	キャベツ	23	1.3	5.2	0.2
	きゅうり	14	1.0	3.0	0.1
	大根	18	0.5	4.1	0.1
きのこ類	ぶなしめじ	17	2.7	4.8	0.5
	えのきたけ	22	2.7	7.6	0.2
	まいたけ	15	2.0	4.4	0.5

	1食あたり			
	エネルギー(kcal)	たんぱく質(g)	炭水化物(g)	脂質(g)
大さじ1杯(5g)	7	0.9	2.1	0.2
大さじ1杯(5g)	7	0.5	2.9	0.2

	1食あたり			
	エネルギー(kcal)	たんぱく質(g)	炭水化物(g)	脂質(g)
5個(70g)	24	0.6	5.9	0.1
1個(100g)	53	1.0	13.5	0.1
1/3個(100g)	38	0.9	9.6	0.1
1本(100g)	86	1.1	22.5	0.2
1/3個(100g)	57	0.1	15.5	0.2
1個(100g)	46	0.7	12.0	0.1
コップ1杯(200g)	84	1.4	21.4	0.2
コップ1杯(200g)	70	1.4	17.6	0.2

	1食あたり			
	エネルギー(kcal)	たんぱく質(g)	炭水化物(g)	脂質(g)
コップ1杯(200g)	134	6.6	9.6	7.6
コップ1杯(200g)	92	7.6	11.0	2.0
小鉢1杯(120g)	74	4.3	5.9	3.6

	1食あたり			
	エネルギー(kcal)	たんぱく質(g)	炭水化物(g)	脂質(g)
1個(80g)	208	8.0	34.8	4.1
1個(80g)	257	5.3	25.8	14.6
2切れ(100g)	319	6.2	63.2	4.6
1/2枚(35g)	195	2.4	19.5	11.9
1袋(60g)	332	2.8	32.8	21.1
コップ1杯(200g)	42	0.0	10.2	0.0
1缶(350g)	140	1.1	10.9	0.0
コップ1杯(200g)	92	0.2	22.8	0.0